三国是家 商学院

富过三代学孙权

朱新月◎著

中国言实出版社

图书在版编目(CIP)数据

富过三代学孙权 / 朱新月著. -- 北京：中国言实
出版社, 2013.1

(三国是家商学院)

ISBN 978-7-5171-0075-1

Ⅰ.①富… Ⅱ.①朱… Ⅲ.①孙权（182～252）—人
物研究②企业管理—通俗读物 Ⅳ.①
K827=363②F270-49

中国版本图书馆CIP数据核字（2013）第016091号

责任编辑：周汉飞

出版发行	中国言实出版社	
	地　　址：北京市朝阳区北苑路180号加利大厦5号楼105室	
	邮　　编：100101	
	电　　话：64924716（发行部）　52666122（邮　购）	
	64924853（总编室）　52666121（编辑部）	
	网　　址：www.zgyscbs.cn	
	E-mail：ysfazhan@163.com	
经　　销	新华书店	
印　　刷	三河市华晨印务有限公司	
版　　次	2013年3月第1版　2013年3月第1次印刷	
规　　格	670毫米×960毫米　1/16　17.5印张	
字　　数	230千字	
定　　价	33.00元　ISBN 978-7-5171-0075-1	

俗话说得好，创业难，守业更难。那些怀揣着创业梦想的人们，通过努力打拼，终于有了自己的一番事业。面对已取得的成就，此时的创业者已没有了当时的激情，这对他们来说，是个考验。如何能够更好地守住自己的事业？怎样将自己的事业传给下一代，教导他们做一个成功的守业者？这些问题都是需要创业者们面对的。

作为一个守业者，从父辈手中接过他们辛苦打拼来的基业，每一个人都会感觉到自己身上沉甸甸的责任和压力。如何更好地稳固父辈基业，并且不断将其发展壮大，是每一个守业者要用实际行动去回答的问题。

鉴于这样的情况，我们觉得很有必要找一个守业的典范，细细梳理其守业的点点滴滴，从中提炼出适合一般守业者的做法和思路，让每一位守业者能够借着榜样的奋斗历程，一步步地接近自己梦想的殿堂。

三国时期的孙权就是一个守业的典范。孙权年少有为，跟着孙策四处征战，得到了很好的锻炼。后来，孙策意外受伤，临终时将江东大业交给了孙权。孙权哭着接受了重任，那时他还不到20岁。面对内忧外患的复杂局势，幸好有张昭和周瑜等人的支持和帮助，孙权逐渐控制住了局势。站稳脚跟以后，孙权开始不断发展，通过剿除山越人，铲除内部叛乱，稳固了后方局势，从而可以安心地对外作战，不再有后顾之忧。

孙权求贤若渴，知人善用。他见到鲁肃以后，觉得鲁肃是个人才，两人对酒长谈，鲁肃向孙权提出了《榻上策》。这是孙权梦寐以求的国家发展战略构想，从此他对鲁肃非常器重，并开始按照《榻上策》发展自己。

面对曹操的进攻，孙权与刘备联合，在赤壁大败曹操。那年孙权26岁。赤壁之战后，孙权把荆州借给了刘备，稳固了他们的合作关系。

慢慢地，刘备不断发展，孙权讨要荆州，刘备却以各种理由拒绝归还，这让孙权开始考虑与竞争对手之间的平衡问题。于是，有了后来的吕蒙奇袭荆州，关羽败走麦城被杀。至此，孙权、刘备关系破裂。为了给关羽报仇，刘备倾全国兵力伐吴。孙权力排众议，派出年轻将领陆逊迎敌，火烧连营，取得了夷陵大战的胜利。

孙权带领东吴不断发展壮大，终于完成了自己的梦想，登基称帝，达到了事业的顶峰。让曹操都感慨"生子当如孙仲谋"，孙权确实做到了别人所做不到的。

孙权波澜壮阔的一生，就是一部守业励志奋斗史。

Contents

目录

第一章　年轻时担重任

🍃 第一节　接父兄业受印绶——守业者责任重于泰山 ……………………… 003
🍃 第二节　不负重托器早成——不以少帅挥霍人生 ……………………… 007
🍃 第三节　仲谋以情赢人心——取得人心才能使企业内部稳定 ………… 011
🍃 第四节　以郡太守之名义——初上任切不可高高在上 ………………… 014
🍃 第五节　借鲁肃统观天下——懂得借助专业人士的眼光 ……………… 018
🍃 第六节　待张昭以师傅礼——用谦逊的态度换取元老派的支持 ……… 022
🍃 第七节　通过检阅得吕蒙——善于用自己的方式发现人才 …………… 025
🍃 第八节　铁手腕剪除叛逆——对于破坏和谐的员工要及时炒鱿鱼 …… 029
🍃 第九节　拒绝质子给曹操——在大事面前要有胆识 …………………… 033
🍃 第十节　讨伐各山越大王——欲有大作为须先整合内部组织 ………… 037

第二章　赤壁大战显威风

🍃 第一节　二十六岁战赤壁——年轻不代表没有范儿 …………………… 043
🍃 第二节　赤壁大胜曹孟德——让正反两派PK出真知 ………………… 047
🍃 第三节　封周瑜为大都督——协助得力干将树立领导威信 …………… 051
🍃 第四节　打黄盖施苦肉计——学会让下属深入贯彻决策精神 ………… 055
🍃 第五节　联合刘备破曹营——要善于借助外来力量共同承担风险 …… 059
🍃 第六节　亲自下马迎鲁肃——对于表现卓越的员工要有特殊奖励 …… 063

♠ 第七节　小妹远嫁刘玄德——商业同盟关系要稳固 ……………… 066
♠ 第八节　出借荆州建联盟——诚信为上说到一定要做到 ………… 070

第三章　独具特色驭人管理

♠ 第一节　一处伤赐一杯酒——善用酒文化统摄人心 ……………… 077
♠ 第二节　斥流言重用子瑜——用人不疑得忠诚 …………………… 081
♠ 第三节　遇大战事不亲征——关键时刻勇于放权 ………………… 085
♠ 第四节　亲为吕蒙求良医——对下属要常施恩惠 ………………… 089
♠ 第五节　用土堵张昭门口——知错即改拢人心 …………………… 093
♠ 第六节　劝吕蒙蒋钦读书——倡导建立学习型团队 ……………… 097
♠ 第七节　醉酒中可不听命——员工都爱追随心胸宽广的老板 …… 101
♠ 第八节　巧用陆逊烧连营——打破以资历评定人才的惯例 ……… 105
♠ 第九节　化解甘凌之积怨——善于化解下属之间的纠纷 ………… 109
♠ 第十节　孙权式家族管理——亲缘式兄弟好办事 ………………… 113

第四章　卓越的个人管理

♠ 第一节　窥曹营草船借箭——领导善于学习企业才能做大做强 … 119
♠ 第二节　灭黄祖占领夏口——企业未上规模时要重视小市场 …… 123
♠ 第三节　降派面前不表态——做决策者当喜怒不形于色 ………… 127
♠ 第四节　决心抗曹剑断案——做决断时要一锤定音 ……………… 131
♠ 第五节　尊魏抗蜀胜刘备——决策者要善于兼听属下谏言 ……… 135
♠ 第六节　逆众任顾雍为相——知人善任的领导能降服人心 ……… 139
♠ 第七节　撕破脸皮取荆州——盟友不仁义时不能一味迁就 ……… 143
♠ 第八节　盘马弯弓能射虎——做懂得与部下同乐的老板 ………… 147
♠ 第九节　生子当如孙仲谋——令对手刮目相看 …………………… 151
♠ 第十节　和蜀汉重归于好——在重大决策面前不感情用事 ……… 155

第五章　专业运营的行家

- 第一节　利用优势守长江——始终坚持自己的核心竞争力不动摇 …… 161
- 第二节　团结伙伴打击敌人——恰当处理合作和竞争之间的关系 …… 165
- 第三节　顶住压力不投降——商场纷争"剩"者为王 …………………… 169
- 第四节　十天造十万支箭——什么样的老板造就什么样的下属 ……… 173
- 第五节　分清立场立职场——老板要明白自己最适合哪个"场" ……… 177
- 第六节　外用周瑜内用张昭——老板应学会找对人做对事 …………… 180

第六章　实用主义践行者

- 第一节　孙权心中无恶人——做"事"业至上的管理者 ………………… 187
- 第二节　曹汉称帝他称臣——不要面子要安全 ………………………… 191
- 第三节　伺隙出击不妄动——遵循适度保守法则 ……………………… 195
- 第四节　对合肥锲而不舍——重要的战略利益一定要努力争取 ……… 198
- 第五节　周瑜程普双都督——对重要的岗位必须要有制衡措施 ……… 202
- 第六节　培植鲁肃入核心——没有背景的亲信要重用 ………………… 206

第七章　大象战略不争而善胜

- 第一节　稳固基业为根本——只吃青草的大象策略 …………………… 213
- 第二节　租借南郡给蜀汉——确立盟友时要充分评估风险因素 ……… 216
- 第三节　步步为营《榻上策》——企业战略规划一定要明朗 ………… 220
- 第四节　策应诸葛亮北伐——没有永远的敌人只有永远的利益 ……… 223
- 第五节　派卫温远征夷洲——决策者要有开阔的视野和战略眼光 …… 227
- 第六节　背盟友孙曹密约——善于维持竞争对手之间的平衡 ………… 231
- 第七节　三大战役胜其二——以静制动不被竞争对手兼并 …………… 235

第八章　孙权走过的那些弯路

🍀 第一节　派吕蒙袭取荆州——时机不成熟勿与合作伙伴闹僵 ·············241
🍀 第二节　合肥大战险送命——决策者切不可犯冒险主义错误 ·············245
🍀 第三节　孙权亲征多失败——不要强行走出先辈的心理阴影 ·············249
🍀 第四节　赔了夫人又折兵——家族模式不可轻易外延 ·····················253
🍀 第五节　以兴建水军为主——缺乏进取心是企业发展的最大瓶颈 ·········257
🍀 第六节　死板执行《榻上策》——必要时要对战略规划进行战术
　　　　　调整 ···261

后　记　能创业、会管理、懂守业的
老板才是真正成功的老板

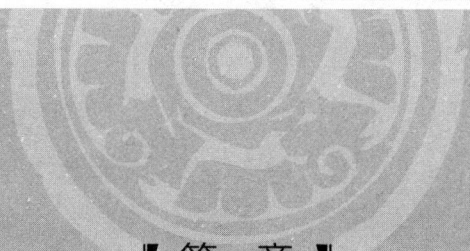

第一章

年轻时担重任

接父兄业受印绶——守业者责任重于泰山

孙策十几岁就开始随孙坚征战。为了能很好地继承孙坚的遗业，孙策曾经为袁术效力，并在讨伐割据江东的各军阀时增强军队实力，最终统一了江东，孙策创下江东基业，用了十年的时间。后来，孙策被刺客刺伤，久治不愈。他得知自己将不久于人世的时候，就召集孙权以及张昭等人到他床前，他要交代好一些事情。

大家都来了，孙策拖着疲惫的身躯坐起来，对大家说："现在天下大乱，群雄纷争，以东吴的人才，加上临江傍水的地理优势，是大有可为的，可惜我看不到那一天了。"他特地叮嘱张昭："你是跟随我多年的老臣，希望你能够带领大家，善待我的兄弟，尽心辅佐他，成就东吴大业。"张昭听到孙策这么说，眼含热泪，点头称是。

接着，孙策接过下属递上来的印绶交给孙权，说："如果说带领江东的兵士，在两军之间对垒，天下争霸，你不如我。但是说到举贤任能，任用人才，用尽各种办法来保卫江东，我不如你。你要体会到父兄创业的艰难，好好稳固江东的基业，你好自为之吧。"孙权听后大哭，拜受印绶。

孙策又对母亲说："儿子天命已尽，不能侍奉母亲了。现在将印绶交给弟弟，希望母亲能够时常训诫他，让他保持清醒的头脑，不至于做错事。跟随我和父亲多年的部将，不要轻视他们，要善待他们。"母亲哭了，担心孙权年幼，不能担当重任。孙策又说："弟弟的才能胜过我十倍，足以担当大任。内事不知道怎么做的时候，可以问张昭，外事不知道怎么做的时候，可以问周瑜。只可惜周瑜不在跟前，我不能当面叮嘱他。"

从孙权的哭里，我们看出了他对于兄长早亡的悲痛和遗憾，以及他对于江东前途的担忧，好在他有扛起江东大旗的勇气和胆识。孙权懂得，自己作为一个守业者，责任重于泰山，他别无选择，必须义无反顾地承担起带领江东的大任。小小年纪，就表现出如此魄力和胆识，真是难能可贵。

自小跟随孙策四处征战，孙权最知道孙策的才能和付出的努力，然而兄长这么年轻就离世，作为弟弟，他有着太多的不舍之情，他多么希望自己还能在孙策的带领下为东吴开疆辟土！然而这一切却只能是想想罢了。孙权对孙策的感情很深，使得他在接受孙策所托付的重任的时候，禁不住大哭。

孙权也对未来有着担忧。孙策死后，自己能不能得到大家的支持，还是未知数，如果有人趁机制造混乱，不但江东局势不好稳固，周边的敌人也会伺机来犯，那样江东就危险了。因此，孙权知道自己责任重大。

都说创业难，守业更难。很多年轻人，面对父辈打下的基业，自己在接手的时候，都会有点不知所措：压力是一方面，更多的是深感责任重大。

一个刚刚大学毕业的年轻人，当别人都在忙着四处找工作的时候，他进入了父亲的公司。父亲也是刻意地培养他，给了他一个经理的职位，但这是一个虚职，主要是为了让他尽快熟悉公司业务。这样做可以给他足够的压力，锻炼他，为将来接班做好准备。

虽然这是一个虚职，但年轻人还是感觉压力很大，毕竟"经理"是一个很重要的职位。虽然他不需要做决策，只是列席一些会议，学习业务，但他都是很认真地准备，按照高标准要求自己。

年轻人不但在平时严格要求自己，为了尽快熟悉公司业务，他还主动加班。这种干劲，让父亲很满意，跟随父亲多年的公司员工也很看好他。得到了大家的肯定，年轻人并没有放松，反而更加严格地要求自己。这一切都是因为他感觉到了自己的责任重大，希望能多学东西，为以后接手公司做准备。

上面案例中的年轻人，知道自己责任重大，以后父亲的基业要由自己来掌管。他明白创业难、守业更难的道理，巨大的压力成了他进取的动力。他严格要求自己，让公司的员工对他很满意，很看好他，这为他以后接手公司积累了很好的人脉，可以得到更多的支持。

孙策遭受意外，临终前将江东交给了孙权，孙权大哭，拜受印绶。孙权感受到了巨大的压力，他知道自己肩上的责任有多重。因此，他非常努力，希望自己能够成功守业。

不负重托器早成——不以少帅挥霍人生

孙权接受孙策的重托，将江东的未来扛在了自己的肩上。虽然年纪轻轻，但他深深知道自己的责任；虽然年轻，但他有自己的想法，并没有因为年轻而狂妄，总是时刻提醒自己要努力。为了稳固江东的基业，并且使江东有更好的发展，他选贤任能，信任自己的下属，通过努力，带动着大家，使得江东不断地发展壮大。

刚开始的时候，很多将领并不看好孙权，对他的号令也不服从，江东面临着很大的内部压力。内部矛盾一旦处理不好，周围的敌人就会伺机而动，江东的安危就得不到保障。在这样的局势下，周瑜和张昭全力支持孙权，逐渐控制住了局势，渡过了最艰难的时期。

稳定住局势以后，孙权开始考虑江东的未来发展。首先要稳固基业，然后才能逐渐扩大。孙权虽然年轻，看问题却很明白，知道自己该做什么。他对周瑜和张昭等人很信任，给予他们足够的权力，让他们能够充分发挥自己的才能。

后来，孙权开始适时地出击，扩充领地。首先他解决了山越人骚扰的问题。山越人为了逃避原来苛重的赋税，逃进山林中，形成了自己的组织和社会，拒绝向孙权政权缴纳租税。为了解除后顾之忧，安心对外作战，孙权调集重兵对付山越人，抓获山越人的领袖，将强壮的青年人编入军队，老人、妇女统一管理，从事农业生产。稳定山越人使得江东后方得以稳固。

在解除山越人的威胁以后，孙权又调集重兵剿除黄祖。甘宁因不受黄祖赏识，投奔孙权，这更加增强了孙权战胜黄祖的信心。黄祖匆忙备战，他将两艘大船横着排在江面上，船上有上千将士，准备用弓箭击退孙权的战船。同时，黄祖用大绳拴上巨石沉到江里，以此来固定大船。孙权的水军并没有畏惧，董袭率领敢死队，每人身上穿双层甲胄，猛冲到黄祖的大船边，用刀砍断了两根拴巨石的大绳。面对江东水军的强大攻势，黄祖只好败退，最后被追杀丧命。战胜了黄祖后，孙权占领了夏口。

从上面这些案例可以看出，孙权虽然年轻，但是他没有躺在家族基业上睡大觉，而是奋发图强，在下属的全力配合下，不断增强自己的力量。他虽然年轻，但是懂得知人善任，将领们看到他这么有进取心，也很高兴，愿意听从他的命令，全力配合他，三军一心，团结合力，使得江东慢慢地变得更加强大。如果孙权只是坐享这份基业，不懂得努力的话，也许江东早就分崩离析了。正是因为他的勤勉和奋斗，感染了下属，他们得以君臣一心，使江东有了稳步发展。

孙权没有挥霍人生，而是不断奋斗，下属都看得出来他想使江东变得更加强大的决心和信念。这让下属们觉得他是一个值得追随的领导者，于是大家全心全意地辅佐他，使得江东在稳固的基础上不断壮大。

上下团结一心，增强了竞争力和凝聚力。大家看到孙权如此努力，年纪不大，却很有想法，于是更加团结，增强了江东的凝聚力。**一个有凝聚力的团队，必定是一个很有发展前途的团队。**在孙权的带领下，大家齐心协力，共同促进江东的发展。

很多年轻人，通过自己的努力白手起家，成了创业成功的典范。也有一些年轻人，从父辈手中接过已经打拼成功的基业，并没有不思进取，而是更加努力，使得事业越做越大，也实现了自己的梦想。如果成天躺在先辈们的基业上坐享其成，不思进取，事业终究会失败的。

　　某老板经过自己的多年努力，有了一个很大规模的公司，可以算是事业有成了。就在他打算继续拼搏，使公司有更好发展的时候，突然得知自己的身体健康出现了问题，很难再承担那么大的压力。这对他来说，是一个很大的打击。

　　于是，在经过慎重思考以后，他将公司传给了刚大学毕业两年的儿子。儿子虽然年轻，但是很有自己的想法，经过两年的工作锻炼，已经有了很多的经验。当公司管理层得知这个消息以后，对公司的未来发展产生了一丝忧虑，他们对这个年轻人没有太多的信心。老板也看出了下属们的顾虑，他对自己的儿子有信心，希望下属们能够帮助他，让他尽快成长起来，使公司有更好的发展。

接手公司以后，年轻人为了尽快熟悉业务，几乎把所有的时间都用在了工作上。下属们看到他虽然年轻，却这么有干劲，也很高兴，逐渐改变了对他的看法，都很支持他，遇到一些重大问题的时候，都会给他提出意见和建议，而他也很尊重大家的建议。在年轻人和全体员工的努力下，公司稳住了局面，业绩稳步增长。

守业有道

孙权执掌江东以后，并没有不思进取，挥霍人生，而是奋发努力，这得到了大家的支持和认可。在大家的共同努力下，江东得以不断发展。

仲谋以情赢人心——取得人心才能使企业内部稳定

孙策临终前把印绶交给孙权的时候，孙权大哭，拜受印绶。大臣们看到孙权如此表现，都认为孙权是个很重情义的人。跟随一个重情义的领导者，大臣们觉得会很有发展前途的，因为这样的领导者能把别人的努力看在眼里，记在心里。其实，这个时候大臣们就对孙权有一个很好的印象了。

一个高高在上的领导者，会和下属有距离感，而孙权的这一哭，就把自己摆在了一个普通人的位置上，此时的他，不是一个高高在上的领导者，而是一个失去了兄长的年轻人，他的哭展现的是他的真性情。从他的哭里，大臣们觉得他们和孙权的距离近了很多。

孙权大哭，有亲情的因素，自己跟随兄长多年，南征北战，兄长对自己教导有方，爱护有加，他们两个人的感情很深。孙权哭，也有压力的因素，从此以后，东吴就交到了他的手里，一个不到二十岁的年轻人面对着这么大的压力和重托，哭出来是一种情绪的发泄。大臣们从他的哭里看出了他的责任感，而一个有责任感的领导者，是会得到下属支持的。

孙权这一哭，迎合了江东大臣们的心。面对一个如此有性情、敢担当的年轻人，谁不为他卖力呢？这一哭，使他得到了人心，得到了大臣们的支持。只有得到人心，才能够维持东吴的团结；只有团结一心，才能够站稳脚跟，寻求更好的发展。

这一哭得到了人心。孙权接受孙策的重托，执掌东吴。面对孙策将要离世的情境，他大哭。这一哭，不但哭出了亲情，也哭来了人心。大家看到孙权如此重情重义，都很尊敬他，觉得跟随他能够有好的发展。

这一哭体现了责任感。面对如此重托，一个年轻人通过大哭向人们展现了他的责任感。而一个有责任感的领导，是下属都愿意追随的。孙权的这一哭，得到了大臣们的理解和共鸣，也激发了他们的责任感。这更有利于拉近他和大臣们的距离，得到大家的支持。

一个企业要想有好的发展，必须内部稳定。如果内部不稳定，人心不团结，这样的企业是不会有什么发展的。**要想企业内部稳定，领导者就要得到人心。只有得到人心，众人死心塌地地追随领导，为了一个共同的目标而努力，企业才能发展得更好。**因此，一个好的老板，都是善于获取下属人心的老板，这样的老板才能够在商场中开创出自己的一片天地。

　　某老板对待公司的员工很好，大家觉得他是个重
　情重义的人，都很支持他。这位老板让大家觉得他不

是高高在上的，而是和大家在一起的，这就很好地拉近了他和员工们的距离，可以更好地带领公司发展。

　　每个人在面临重大困难的时候，老板都会通过一些方式表达自己对员工的关心，这让员工感觉到很温暖，就好像老板是自己的朋友一样。员工在生日或者结婚的时候，都会收到老板亲自挑选的小礼物，这更表现出老板对员工的用心。这些事情让员工们觉得这样的老板值得追随，这样的公司就像一个大家庭。带着这样的心情工作，大家工作效率很高。

　　正是因为这些小举动，表达出了老板对员工的关心，而员工才用自己的真心对待老板。公司的很多技术骨干，都收到过其他公司的高薪诱惑，然而面对诱惑，没有一个人离开，他们觉得这样的工作环境让他们更舒适，他们有信心在公司不断发展的同时，可以收获相应的回报。

　　老板在公司不断发展的同时，也给予了员工们更多的物质奖励，这是对他们付出的一种肯定。员工看到老板这么对待自己，更加努力地为公司工作。

守业有道

　　孙权接受孙策的临终委托，执掌东吴。而他在接受印绶的时候，号啕大哭。这一哭，得到了人心。只有得到人心，才能够团结一心，带领大家共同努力，使江东不断发展。孙权的这一哭，使得他得到了大臣们的认同和支持，大臣们都真心地追随他。

以郡太守之名义——初上任切不可高高在上

　　孙策临终之际将江东大权交给了孙权。孙权知道，自己太年轻，刚刚上任，还有很多问题需要解决。他虽然得到了大多数人的赞同和认可，但是还有一部分人在观望，尤其是下面各个地方的将领，因此他不但要让身边的人觉得他是很容易接近的，也要让各个地方的将领觉得他不是高高在上的。这样更容易增强内部团结，在带领大家的时候，才会得到更多人的跟从和追随。

　　仅仅得到人心是不够的，孙权明白他还必须低调。只有这样，才能让下属们赞同他，更好地配合他，服从他的领导。因此，为了稳住东吴的局面，减少不利于团结的因素，孙权上任之初很低调，下达命令都是以郡太守的名义，而不是以整个江东的执掌者自居。大臣们看到孙权的谦虚，也觉得他并不高高在上，而是和他们距离很近。心与心的距离拉近了，也就能更有利于沟通和了解，从而孙权得到大家的理解和支持。

　　孙权懂得自己的威望不仅仅来源于权力，更多的是来源于自身的魅力。因此，他不但用郡太守的名义行事来表现自己的亲和力，在别的事情上他也保持低调。对于张昭，孙权很尊敬，把张昭看作是自己的师傅，并没有因为自己是领导者而摆架子、讲排场、耍威风。对于一般的大臣，孙权也是尊重有加，这让他很好地和大家打成了一片，消除了距离感。

孙权有着清醒的头脑，知道自己上任之初要做的事情是什么。面对东吴内部的局势，他要设法得到大家的认同，使大家团结一心，支持他。而要做到这一点，就要让别人感受到自己的亲和力。一个有亲和力的领导者，必定不是一个高高在上的领导者，高高在上并不能显示自己的权威，只会让下属与自己的距离更远。

孙权自贬身价，以郡太守的名义行事，他表达的是自己的谦逊和低调。同时，他这也是在向大家传达一个信息，那就是他不是一个高高在上的领导者，他渴望和大家拉近距离，渴望得到大家的认同。

赢得了认同。孙权年纪轻轻就执掌东吴，一些将领难免会有情绪，觉得要接受这么年轻的领导，心里会有些许的不服气。而孙权以郡太守的名义，就更容易让大家接受他，认可他。只有被大家接受了、认可了，他才能领导大家更好地将东吴发展壮大。

拉近了距离。以郡太守的名义，让大家觉得孙权很低调，不张扬跋扈，这就破除了一部分人觉得他太年轻不靠谱的观念，更容易接受他的领导。同时，他没有把自己置于高高在上的位置，而是通过这种方式表达他想与大家打成一片的意愿，拉近了他和下属的距离。

一个领导者，要懂得如何才能更好地得到下属的认可和支持，尤其对于一个新上任的领导者来说，这个问题更重要。如果一个领导者高高在上，盛气凌人，这样在沟通和交流的时候，就不可能很尽兴，也不会了解到真实的情况。因此，聪明的领导者在上任之初，都会把自己的位置摆得很低。

很多人在被提拔之后，都会觉得自己了不起了，会有一种高高在上的感觉。其实，这对于自身发展是很不利的，会在无形之中疏远大家。**一个让员工觉得很有距离感的领导者，是很难成功地领导大家完成既定目标的。**

某公司最近新提拔了一名经理，他为人和善，和大家关系很好。这位经理明白低调的道理，于是很低调地做事，并没有以经理自居，虽然晋升了，但是比晋升之前还要和善，并没有让大家有那种高高在上、不易接触的感觉。

其实，能做到这一点，源于这位经理的经历。他在以前公司的时候，他的领导刚开始对他很和善，但是晋升以后，态度大变，不仅对他，对别人也是这样，老让人有高高在上的感觉。对于这样的变化，大家都觉得不好接受，不再像以前那样支持这位领导的工作了。这样的经历让他明白了高高在上的危害，所以他就努力地与大家亲近，使得他的工作更容易开展。

　　执掌江东以后，孙权并没有高高在上，而是以郡太守的名义行事。这个做法得到了大家的认可，拉近了他和大家的距离。这对于他更快地获得大家的支持和配合，是有好处的。从这一点上来看，孙权虽然年轻，却有着超乎年龄的智慧和策略。

借鲁肃统观天下——懂得借助
专业人士的眼光

　　鲁肃少年时恰逢乱世，为了避乱防身，更为了报效国家，他在刻苦学习之余苦练剑术，可以说是一个文武全才。他看到乱世动荡，人民生活困苦，很多人流离失所，心里非常悲痛。他常召集乡里青年人练兵习武，希望有朝一日可以得遇明主，为国家贡献自己的一份力量。

　　后来，一个偶然的机会，周瑜向孙权借粮食，他慷慨地借给了周瑜。通过交谈，周瑜觉得鲁肃是个难得的人才，决定把他推荐给孙权。经过周瑜的推荐，孙权想见一见鲁肃，看看他是不是真像周瑜说的那么好。如果真的很有才能，就应该重用，让他为东吴的发展出力。

　　孙权见到鲁肃，通过交谈，觉得鲁肃是一个难得的人才，于是私底下找到他，与他饮酒畅谈。孙权见鲁肃侃侃而谈，很有见地，于是向他请教天下大势。鲁肃见孙权如此看重自己，觉得孙权就是自己一直要找的明主，心里很高兴。于是，他就向孙权表达了自己对于天下大势的看法。

鲁肃明确提出了与曹操、袁绍三分天下的想法，指出："昔高帝区区欲尊事义帝而不获者，以项羽为害也。今之曹操，犹昔项羽，将军何由得为桓文乎？肃窃料之，汉室不可复兴，曹操不可卒除。为将军计，惟有鼎足江东，以观天下之衅。规模如此，亦自无嫌。何者？北方诚多务也。因其多务，剿除黄祖，进伐刘表，竟长江所极，据而有之，然后建号帝王以图天下，此高帝之业也。"

这就是著名的《榻上策》。孙权非常敬重鲁肃，觉得他对天下大势的看法很准确，而他为自己提出的发展战略也很好，非常适合江东，于是开始按照他提出的战略来发展。

刚开始，孙权自己的想法也是先立足江东，巩固好祖上基业，然后再图谋更大的发展。然而，那时候他没有一个明确的规划，不像诸葛亮那样，提出《隆中对》，为刘备制定了详细的发展战略。而鲁肃提出了《榻上策》，孙权就借助鲁肃的眼光看待天下大势，仔细思考后觉得确实如此，于是就采用了。

孙权最大的优点就是知人善任，他知道自己的能力，知道自己该做什么。他对于天下大势还有疑问，于是就向鲁肃请教，鲁肃给出了很好的答案，孙权听后觉得大有收获，这正是他一直想要得到的国家发展战略。

孙权懂得给人才一个适合自己发展的舞台，让每个人都能发挥出自己的潜能，为东吴的发展作出贡献，这一点是值得肯定的。正是因为这样，他才能稳住江东局势，并且不断地发展壮大。

对自己有清醒的认识。孙权知道自己对于天下大势的理解不够，于是在得到鲁肃以后，向鲁肃请教天下大势。而鲁肃则对孙权分析了天下大势，并且提出了东吴发展的战略步骤。孙权很满意，开始按照他的策略发展。正是因为孙权对自己有清醒的认识，他知道自己这方面才能不够，才请教鲁肃的。对于一个领导者来说，这一点是很可贵的。

善于用人。孙权见到鲁肃后，觉得他很有才华，于是单独交谈。鲁肃向孙权提出《榻上策》，孙权听后觉得这正是自己一直想要的，于是就重用鲁肃。正是因为孙权善于用人，才使得江东不断发展壮大。

有位老板，在公司发展得很好的时候，想扩大公司业务规模，却不知道什么是最适合他做的。刚好，这位老板有一位朋友在投资咨询公司，于是他就向这个朋友请教。

这位朋友对他很了解，也知道他公司的基本情况，于是，就根据自己对他公司的了解，以及这个行业的发展现状，从一个投资咨询师的角度，给他提出了一些建议。老板听后，觉得大受启发。

老板根据朋友的建议，结合他自己对这个问题的看法，选择了适合自己的投资项目。经过一段时间的努力，投资项目发展得很好，他得到了丰厚的回报。

这位老板是聪明的，当他自己拿不定主意的时候，就去请教专业人士，他懂得要借助专业人士的眼光看待问题，他们的建议是比较理性和正确的。正是借助了朋友的眼光，他结合自己的实际情况，通过对比，选择了最适合自己的投资项目。通过投资，他得到了很好的回报。

守业有道

孙权一直想解决自己的发展战略问题，却苦于没有这样的人才。得到鲁肃，让他有了这样的机会，可以借助鲁肃的眼光看待这个问题。与鲁肃交谈时，孙权得到了《榻上策》，并且把它作为国家发展的战略决策来执行，才促进了东吴的不断发展。

·第六节·

待张昭以师傅礼——用谦逊的态度换取元老派的支持

孙权刚刚接替孙策执掌江东的时候，不满二十岁。他面临着巨大的压力，当时东吴的形势非常严峻，外部的敌人随时都有进攻的可能，而内部也不是很团结，有些人不听孙权的号令，甚至公然反抗。如何应对这种局势，是对孙权的一大考验。

孙权也明白当时的局势，他必须首先得到元老派的支持。元老派支持他的话，他就有了底气和信心了。元老派的资历和威望都很高，张昭是其中的代表人物。因此只要得到张昭的支持，就能完成这个目标。

张昭跟随孙策多年，孙策很器重他，有关文武之事均由张昭办理。由此可以看出张昭在江东的资历和威望，只要他振臂一挥，表示坚决支持孙权，其他的元老派肯定也会跟着支持孙权。况且孙策临终之时专门叮嘱张昭，一定要尽心辅佐孙权，不可有半点差池。张昭有如此重要的地位，孙权就开始努力争取，希望得到他的支持。

孙权很谦逊、低调，不摆架子，不给人高高在上的感觉。

对张昭，孙权更是尊重有加，以师傅之礼待之。张昭原本就跟随孙策，孙策临终前又特意叮嘱过要好好辅佐孙权，现在看到孙权如此敬重他，张昭很感激，全力支持孙权。

张昭明确表达了自己的态度，坚决地支持孙权，这在很大程度上影响了元老派，他们也在张昭的带领下，站到了孙权的一边。这对孙权来说是很重要的，他通过自己的谦逊赢得了元老派的支持，这就在很大程度上稳定了江东的局势，内部不会出什么太大的乱子。

孙权以师父的礼节对待张昭，受益颇多。

得到元老派的支持。孙权明白自己要想尽快稳住局势，必须要得到资历和威望都很高的元老派的支持。于是，他对元老派的代表人物张昭格外尊重，待之以师傅之礼。作为跟随孙策多年的老臣，得到孙权如此爱戴和尊重，张昭很感动，加上孙策临死时候的叮嘱，于是张昭坚决地站在孙权这一边，支持孙权。他的态度也就代表了整个元老派的态度，孙权由此得到了元老派的支持。

稳住了江东局势。孙权得到元老派的支持以后，就很好地稳住了江东局势，极大地缓解了压力。虽然还面临很多问题，但是内部问题已经解决，这使得孙权可以把全部精力放在解决其他问题上。

作为一个新的领导者，要想使公司平稳过渡，就必须得到公司里威望很高的元老派的支持。得不到他们的支持，公司的各项工作就很难开展，这对公司的发展是很不利的。因此，要想有好的发展，首先要拉拢元老派，这个做好了，就成功了一大半。

一个公司的老板，由于身体原因，不得不将公司交给年轻的儿子来经营。儿子很年轻，没有什么经验，但他明白，要想有好的发展，首先要得到跟随父亲多年的元老派的支持，如果他们不支持自己，自己将无法顺利地展开工作。

想到这个问题，儿子就开始想办法获得元老派的支持。由于他们中的大部分人都跟随父亲多年，因此他对他们很尊重，有什么大的决定，都会找他们商量，让他们感觉到受到了尊重。

元老派原本就跟随老板多年，看到这个年轻人这么谦逊好学，以礼待人，于是就觉得这个年轻人一定可以带领公司更好地发展。于是，他们很支持年轻人的工作。得到了元老派的支持，他就稳住了公司的局面，得到了人心。加上他勤奋好学，带领公司取得了一个又一个成绩，使得公司不断发展壮大，父亲也因此而感到很高兴。

守业有道

孙权刚上任的时候，为了得到元老派的支持，待张昭以师傅礼，通过这样的方式，得到了张昭的支持，也就得到了元老派的支持。采用这个方法，孙权稳住了复杂局面，为江东的进一步发展奠定了很好的基础，也树立了他的威望。

通过检阅得吕蒙——善于用自己的方式发现人才

吕蒙很小的时候，就南渡长江，投靠到姐夫邓当手下，跟随他。但是邓当看他年纪太小，不准他随军打仗。邓当是孙策的部将，跟随孙策数次征伐山越人，立下了不少战功。当时，吕蒙年仅16岁，他偷偷地跟随邓当作战。邓当发现后，大为震惊。作战归来后，邓当把这件事情告诉了吕蒙的母亲，母亲很生气。吕蒙说："贫贱的生活很难改变，如果运气好立了战功，就可以得到奖赏，可以过上好一些的生活了。"从这里可以看出，吕蒙有自己的想法，是一个很有头脑的人，并且敢于冒险。

当时邓当手下有一个部将，见吕蒙年幼，很轻视他，吕蒙很生气。有一次，这名部将又当面耻笑、羞辱吕蒙，吕蒙大怒，举刀把他杀死。袁雄为吕蒙从中说情，才让他免除了惩罚，并将他推荐给孙策。孙策见吕蒙确有过人之处，就把他安排在身边做事。几年后，邓当去世，张昭推荐吕蒙接替邓当职务，任别部司马。这时候的吕蒙已经小有成就。

孙权接替孙策执掌东吴后，刚开始，孙权就想整合军队，想把那些统兵较少又发挥不了多少作用的年轻将领检选出来，把他们的部下调整合并，这样便于管理，也能增强军队的战斗力。

吕蒙听到这个消息，知道部队合并后，自己想有所作为，想出人头地，就更困难了。他一定要想一个办法，展现自己的才华，让孙权对自己有一个好印象，而最好的办法就是在孙权检阅的时候，展现出自己军队的良好士气，使自己的军队能够比别人的军队表现得更好。于是，他想办法为部下赶制了绛色的服装和绑腿，并加紧操练。经过一段时间的操练，吕蒙军队中的每个士兵都对操练内容很熟悉，也能够很好地配合，展现出整体的士气。吕蒙很满意，只等检阅开始，他希望自己能抓住这个好机会。

终于到了检阅的时候。孙权刚开始并没有看到吕蒙的军队，看到前面的军队都差不多，这让他有点失望。当看到吕蒙这里的时候，他眼前一亮，看到吕蒙的兵马"陈列赫然，兵人练习"，很有气势。孙权很高兴，认为吕蒙治军有方，不但没有把他的军队与别人合并，反而增加了他的兵士数量，让他带领更多的兵马。

孙权执掌东吴以后，希望通过自己的方式选拔人才。借着整合军队的良机，他希望能够通过检阅发现可用之才。而吕蒙也是一个很有想法的人，得到消息后，他知道这是一个很好的机会，于是加紧操练，并且别出心裁地通过士兵的着装引起了孙权的注意。孙权看到以后，觉得吕蒙是个可用之才，后来对他更加重用。而吕蒙也用自己的表现回报了孙权。

用自己的方式发现人才。 孙权刚刚接替孙策执掌东吴，为了增强军队的战斗力，他决定对军队进行整合。因此，他决定进行一次检阅，通过检阅决定如何整合，同时也希望趁此机会发现一些可用之才。孙权在检阅的时候，吕蒙的军队给他留下了深刻的印象。

唯才是用，选贤任能。 孙权当政以后，知道东吴面临着巨大的压力，要想稳住阵脚，并有所发展，必须选贤任能，真正发现可用之才。于是，他进行了检阅，在整合军队的同时，借这个机会寻找可用之才。

一个公司要想有所发展，就要学会选用人才，找到发现人才的方法。只有不断地注入新鲜血液，不断地激发整个公司的良性竞争，公司才能保持活力和竞争力，才能发展壮大。

某机械制造公司的老板，为了能够发现更多的人才，并且给他们合适的岗位，让他们充分地发挥自己的潜能，举行了一次公司全体人员的技能比赛。老板希望通过这样的方式，发现公司的一些能人，并且希望能够对他们进行系统的培训，使他们更好地为公司的发展作出贡献。

一个刚刚大学毕业、进公司不久的年轻人，得到这个消息以后，觉得这是一个很好的机会，他想要抓住机会，为自己争取更好的发展机遇。这个年轻人很用心，刚进入公司的时候他就明白，自己最缺乏的就是实践经验，于是他潜心学习，虚心向老员工请教，不断增强自己的实践能力。老员工看到年轻人这么好学，也很乐意教给他一些东西，毕竟这么好学的年轻人太少了。

付出总会有回报。年轻人在这次技能比赛中获得了第一名，老板很惊讶，一个年轻人能取得如此成绩，确实不简单。老板开始刻意地培养他，让他熟悉更多的公司业务，给了他更好的发展平台。而他也没有辜负老板的期望，很好地完成了各项工作，并对公司的技能创新作出了很大的贡献。

守业有道

孙权在检阅的时候无意中发现了吕蒙，觉得这是个人才，于是就开始重用他。而吕蒙也没有辜负孙权，为东吴的发展作出了很大的贡献。孙权善于用自己的方式发现人才，并且给人才提供好的发展机遇和平台，这有利于东吴的发展。

铁手腕剪除叛逆——对于
破坏和谐的员工要及时炒鱿鱼

孙权执掌江东之初，江东内外面临着严峻的局势，不但外部的敌人虎视眈眈，内部也有人不服从孙权的管理。攘外必先安内，要想江东稳定，不给外部敌人以可乘之机，首先就要做好内部的团结。而对于叛逆的人，要坚决地处理，这样才能保证江东内部的安全。

庐江太守李术，不把孙权放在眼中，"不肯事权，而多纳其亡叛"。不但这样，还公然向孙权挑衅，说："有德见归，无德见叛。"孙权看到这种情况，觉得有必要立即剪除李术，给那些仍然存有异心的人一个警示。

孙权知道李术得到曹操的支持，于是就主动写信给曹操，请他不要支持李术。孙权在信中以李术杀扬州刺史严象为借口，希望能够剪除李术。孙权在信中说严象曾经选拔他为本州的茂才，是他的恩人。他现在讨伐李术，就是为了国仇家恨，"进为国朝扫除鲸鲵，退为举将报塞怨仇。此天下达义，夙夜所甘心"。这就为他讨伐李术找到了正当的理由，也让曹操很难拒绝他的请求。

其实，严象是孙策的下属，孙策上表朝廷以后，严象的职位是曹操以汉献帝的名义任命的。孙权巧妙地将自己置于正义之师的位置，同时，对曹操大加恭维："明公所居，阿衡之任，海内所瞻。"随后，婉转地表明目的，希望在李术向曹操求救的时候，曹操不要出兵相助。

孙权的这封信起到了作用。李术向曹操求救，曹操果然置之不理。没过几天，孙权就打败李术，不但铲除了叛逆，也给其他有异心的人以警示。孙权的铁腕政策取得了很好的效果。

孙权的堂兄孙辅，乘孙权出行东冶的机会，派人给曹操送信，企图勾结曹操，发动政变夺权，失败后被幽禁起来。由于是宗亲，孙权只是软禁了孙辅，但是他的幕僚全部被杀光，他的部队也归属其他将领。在特殊情况下，孙权是需要这样铁腕作风的，只有这样才能树立自己的威信，增强东吴的团结。

在这两件事情中，孙权都展现出了他的铁腕作风，面对叛逆，毫不留情。通过铁手腕剪除叛逆，孙权很好地树立了自己的威信。同时，铲除了集团内部影响团结的人，可以更好地增强集团的凝聚力。

面对内忧外患的局势，孙权首先要解决的是内部问题。借助铁腕政策，孙权解决了影响东吴团结的叛乱分子，这对他本人、对东吴，都是很有好处的。

树立自己的威信。孙权执掌江东以后，很多人都不服，根本不把他放在眼里，觉得他就是个孩子。尤其是李术，更是公然挑战孙权。孙权当时正好需要一个机会，树立自己的威信，于是坚决铲除了李术，达到了自己的目的。

增强了东吴的凝聚力。叛逆分子被铲除，这就很好地增强了东吴的团结。一个团结的集团才会有凝聚力，才会有战斗力。通过铁手腕铲除叛逆，孙权达到了目的。

对于一个公司来说，内部的和谐很重要。如果内部不和谐，就很难有很好的发展。聪明的老板发现自己公司的员工在做破坏公司和谐的事情时，就要毫不留情地辞退他，以确保公司内部的团结与和谐，使公司的发展有良好的内部环境。

某公司老板很注重公司内部和谐，他希望员工能够团结一心，齐心协力，完成各自的本职工作，促进公司的发展。他不但在公司的领导层会议上经常强调和谐，而且在全体员工参加的例会上也会经常介绍一些化解同事之间矛盾的小技巧、小方法。

后来，公司招聘了一名技术人才，这是公司急需的人才，老板也很重视。然而，经过一段时间的工作，老板发现这个人虽然业务能力很强，但他不懂得如何与同事搞好关系，而且还喜欢在背地里挑拨是非。老板得知这个情况以后大为恼火，因为这位技术人员的行为已经严重破坏了公司的和谐，不利于同事之间的团结，这对公司发展没有好处，也是老板深恶痛绝的行为。

老板觉得他是公司急需的专业人才，就找他谈了一次话，希望他能够认识到自己的不足，尽快改正。然而，刚过了没几天，他就又像以前一样了。老板看到这种情况，从公司发展的大局考虑，果断地辞退了他。

这个老板的做法是正确的。他考虑到技术人员是公司需要的，没有直接辞退他，而是希望通过谈话引起他的重视，加以改正。而他却不以为然，我行我素，这极大地影响了公司的和谐，老板只能忍痛割爱，将其辞退。如果老板一再姑息，也许会造成很不好的后果。

守业有道

孙权刚刚上任的时候，为了稳定局势，对于不服从命令的人和破坏团结的人，采取了铁腕政策，绝不姑息。通过铲除叛逆的方法，他很好地树立了威信，同时也增强了东吴的团结，可谓是一举两得。

拒绝质子给曹操——在大事面前要有胆识

曹操在官渡之战中打败袁绍，军队士气大涨，踌躇满志，增强了夺取天下的信心。他觉得天下归他是并不久远的事情了。当时曹操很狂妄自大，在公元202年，给孙权下书，让他把儿子送到自己这里来，其实就是做人质，这样就可以控制孙权了。曹操以为如此可以不费吹灰之力就解决掉孙权。

孙权也不是一般人，他的性格决定了他不太可能这么做，他不愿受制于人。于是，孙权召集群臣商议对策。大臣们众说纷纭，张昭、秦松等重臣，犹豫再三，这使得孙权不能当即就做决定。其实，孙权不想把儿子送给曹操当人质，受人摆布。但是当时东吴不够强大，他没有得到下属强有力的支持，有点举棋不定。于是，他只带周瑜一人到母亲面前商议此事。

周瑜坚决反对送人质，他说："当年楚君刚被封到荆山之侧时，地方很小，但是他的后辈选贤任能，扩张土地，开拓疆域，在郢都建立根基，占据荆扬之地，直到南海。子孙代代相传，延续九百多年。现在您继承父兄的基业，统御六郡，兵精粮足，人心安定，士风强劲，战士们士气旺盛，为什么要送儿子给曹操作人质呢？"

孙权听到周瑜这么说，点头称是。周瑜继续说："一旦送儿子给曹操做人质，就必然受制于曹操，那时候就不得不听从他的命令了。而曹操能给的是什么呢？顶多也就是一个封号，哪能跟现在我们的功业和地位相提并论呢？坚决不能送人质，先看看曹操的动向和变化。如果曹操能遵行道义，将天下治理得很好，到时候再归附也不晚。"

周瑜的话说到了孙权心里，他也是这么考虑的。孙权的母亲也认为该这样做，不能送儿子给曹操作人质，况且她对孙权的儿子喜爱有加，更不舍得让孩子去冒险。于是，她对孙权说："公瑾说的话很有道理，他比你哥哥只小一个月，和你哥哥并肩作战，我一向把他当儿子对待，你该把他当成兄长才是。他说的句句在理，都是对东吴有好处的。"

看到周瑜和母亲都坚决反对，孙权自己也不想送儿子做人质。他知道，一旦将儿子送给曹操，他就会受到曹操的摆布，整个江东就会很被动，从国家的大局考虑，他也不会这么做的。于是，他没给把儿子送给曹操当人质。

其实，孙权也是面临着很大的压力，当时曹操势力强大，得罪了曹操没什么好处。但是，孙权是有胆识的，面对这么无理的要求，他没有屈服。

为国家大局考虑。当时，江东逐渐稳固，不断发展壮大。如果送儿子给曹操做人质，就会受到曹操的摆布，对孙权是不利的，对整个国家来说，更是不利的。从大局考虑，孙权拒绝了曹操。

展现了自己的胆识。面对曹操的威逼，孙权展现了自己的胆识，没有屈服于曹操。当时江东正处于发展时期，拒绝曹操可能会招来祸患，但那时他没有因为这个而胆怯，这充分展现了孙权的胆识。

一个有胆识的老板，才能带领公司不断发展壮大，如果唯唯诺诺，就会错失良机。面对竞争的压力，能否顶得住，是对一个老板很大的考验。很多时候，老板的胆识会影响到下属，激发他们的斗志，更好地促进公司发展。

有一个年轻人，经营着自己的公司，公司发展得很好，潜力很大。最近，同行业的一家大公司想找他谈判，希望能够以极低的价格收购他的公司，这样的价格是极不合理的，但是如果不卖，这家大公司就会利用低价的竞争让他的公司亏损甚至倒闭。

面对同行业大企业的威胁，这个老板并没有屈服，他不想就这样把自己辛苦经营的公司交给别人，而且是以这样的方式。他宁愿自己败下阵来，也不愿意拱手将公司让人，这是不公平的竞争。他必须放手一搏，尽量保住公司，才能够生存下来。

作了这样的决定以后，在公司大会上，他进行了一次慷慨激昂的讲话，讲述了自己的创业经历，表达了自己面对困难时候的抗争精神。大家是和公司一起走过来的，看到老板这么有信心，如此有胆识，大家也都很支持老板，希望能够团结一心，保住公司。看到了大家的表态，老板很感动，更加坚定了他的决心。

于是，公司每个人都忙碌起来，加班加点，希望能够增强公司的竞争力。业务人员更是每天都在外面跑，努力开拓新市场，使公司的产品有更广阔的销售渠道。虽然公司的发展受到了很大的影响，但是由于大家齐心协力，尽最大可能降低了竞争带来的负面影响，公司虽然面临着巨大压力，但不至于有倒闭的风险。

那家大公司看到这种情况以后，主动改变了策略，不再收购，而是和他们合作。公司渡过了最危险的时期，大家都很高兴，看到自己的努力有了成效。

正是由于这个老板很有胆识，不屈服于别人，才没有让公司落到他人之手。

守业有道

曹操意气风发的时候，想让孙权将儿子送到他那里，希望能够以此作为人质，使得孙权受他摆布。然而，孙权为整个江东大局着想，展现了他的胆识，断然拒绝了曹操的无理要求。

讨伐各山越大王——欲有大作为须先整合内部组织

　　孙权听从了鲁肃的建议，开始稳固江东，适时地出击，扩充领地。首先他要解决内部问题，而这最重要的就是山越人骚扰的问题。

　　孙权多次派兵征讨山越人，但是效果不好。这让孙权很头疼，内部的不稳定使孙权不能够全心全意地对外作战，对江东的发展是很不利的，这坚定了孙权解决山越人问题的决心，要不然会影响到东吴发展的战略计划。

　　山越人长期聚居山地，穿山越岭练就出强健的体格，因此他们的战斗力强。此外，山越人有尚武传统，他们从小就练武，更增强了他们的战斗力。当有人征讨的时候，山越人明白自己人数不占优势，于是他们就利用峻山险谷易守难攻的地形，与进攻者周旋。进攻的时候，集中兵力于一处，战力强悍，而撤退的时候则四下分散，使得进攻者没有办法进行有效的围剿。因此，虽然东吴多次出兵，但是山越人依然没有被打垮。

为了解除后顾之忧，能够集中兵力对外用兵，孙权调集重兵对付山越人。他派出大将吕范、程普、太史慈、韩当、周泰等，领兵合围山越人，逐渐将分散的山越人的首领抓获。

为了得到山越人的支持，他们只是抓获了山越人的首领，对其他山越人则很好地安置，将强壮的年轻人编入军队，对老人和妇女进行统一管理，让他们从事农业生产。

面对山越人的骚扰，孙权集中兵力，终于解决了山越人的问题，很好地安置了他们，得到了山越人的支持，使得东吴后方得以稳固。这为东吴全力对外、发展壮大奠定了很好的基础，提供了稳固的内部环境。

整合了内部组织，增强了凝聚力。内部不和，就不能很好地对外。孙权正是认识到这个问题，才调集重兵，解决了山越人的问题。山越人一直让他很头疼，这个困扰他的问题解决了，他就可以安心地对外作战了。内部组织整合了，整个团队的凝聚力也增强了。

稳固了东吴后方。后方不稳，战事必然吃紧，不能全身心地对外作战。解决了山越人的问题，就稳固了东吴的后方，这为对外作战提供了很好的内部环境，使兵士没有后顾之忧。这样，战争就有了更大的获胜的可能性。

很好地安排了山越人。孙权对山越人并没有赶尽杀绝，在抓到他们的首领以后，对于普通的山越人，年轻人就安排到军队里当兵，充实了军队的战斗力，妇女和老人从事农业生产，使他们稳定下来。

一个公司要想有好的发展，内部各个组织和部门必须要精诚合作，如果各个部门各自为战，就会削弱公司整体的竞争力。因此，一个好的老板，首先要做的事情就是整合公司内部的各个部门，使他们能够一致对外，发挥出最大的潜力。这样，公司才会有更好的发展，才能够在激烈的竞争环境下站住脚跟，不断发展。

南方某公司，当初发展的时候没有一个明确的规划，公司建立了很多的部门，而有些部门的职权是相似的，这使得面对很多事情各部门会出现分歧，大家还很容易因为一些小事情而闹得不愉快，影响了公司的工作效率，对公司的发展很不利。

随着公司的不断发展壮大，这个问题的弊端越来越明显。老板也看到了这个问题的严重性，于是打算尽快解决这个问题，营造一个良好的内部环境，大家团结一心，发挥出最大的潜力，增强公司的竞争力。

经过一段时间的考察，借鉴别的公司的做法，老板决定对各个部门进行整合。业务有重叠的，合并后组成一个新的部门；业务有雷同的，经过科学的论断以后，划分到各个新的部门。

经过整合，公司的部门数量有所减少，但是各个部门的职责清晰了，自己该干什么都有明确的规定，部门与部门之间只有合作的关系，而没有了职责的重合，这就在一定程度上减少了摩擦的可能性，增进了相互的沟通和团结。经过整合，公司的竞争力提高了，工作效率大大改善，很好地增强了竞争力。

守业有道

孙权看到了山越人骚扰的问题，并且调集重兵，彻底解决了这一隐患，这使得东吴有了一个稳定的内部环境。后方稳固了，就可以更加专心于对外，促使东吴不断发展壮大。

赤壁大战显威风

【第二章】

风蚀区站大泽布

二十六岁战赤壁——年轻不代表没有范儿

　　孙权幼年跟随兄长吴侯孙策平定江东，公元200年孙策早逝，孙权继位为江东之主，而此时的他才18岁。如此年纪就能够统领江东，足以看出他四处征战锻炼的过人胆识和才能。在当时的条件下，一般人这么大还都没什么成就，而他早已经追随孙策南征北战、建功立业了，他表现出来的才能令人惊讶。

　　孙权刚接替孙策执掌江东的时候，很多大臣都不服气，不听他的号令，大家都在观望，根据局势再作出最正确的选择，毕竟对于一个18岁的年轻人，很多将领还是不放心的，质疑他治理江东的能力。因此，一旦孙权在过渡期不能很好地处理问题，就会有大麻烦。在周瑜和鲁肃的坚决支持下，孙权终于稳住了局面，顺利渡过了最艰难的时期，得到了大家的支持。

　　公元208年，曹操举兵来犯，势头很猛，给了孙权巨大的压力。面对强敌该怎么办，下属们产生了不同的意见。有人主张投降曹操，这样可保江东百姓安危，有人则主张坚决与曹操一战，并且有战胜曹操的把握和信心。

面对不同的意见，26岁的孙权其实心中已经有了答案。但他不是立刻说出自己的想法，而是让大家去争论，他则在寻找一个更合适的机会作出最后的决定。后来，鲁肃和周瑜等主战派占了上风，而此时诸葛亮又来到江东，希望说服孙权与刘备联合，共同抗击曹操。

其实，孙权虽然年轻，但他是个很有主见的人。从小就跟随哥哥孙策南征北战的他，性格中有一种不服输的精神，让他投降曹操，这是不可能的事情。刚好借助诸葛亮来游说的机会，他表达了自己坚决抗击曹操的决心。

随后，孙权任命周瑜为大都督，统领军队，迎战曹操，而他自己则坐镇指挥。在周瑜的直接领导下，全军将士协力奋战，与刘备联合，在赤壁大败曹操，取得了一场不可思议的大胜。

作为江东的领导者，孙权在他26岁的时候就很有领导范儿，面对数倍于己的强敌，毫无惧色，沉着冷静，导演了一场以少胜多的好戏。

孙权面对老谋深算的曹操，不胆怯，不畏惧，作为一个年轻人，展现出了自己特有的范儿。这从一个侧面说明，18岁就执掌江东，他绝不只是借助他哥哥的福气，而确实是有才能、有魄力的。

展现出过人的勇气和胆略。面对曹操的大军，孙权没有屈服，而是勇敢地迎战，这对于一个年轻人来说，需要莫大的勇气，他的胆略可见一斑。这正是他年纪轻轻就能够统领江东的资本，也是将士们都对他服从的原因。

年轻，不是鲁莽和缺少经验的代名词。在商场，也是如此，很多年轻人都通过自己的打拼，取得了一定的成就，并表现出超越年龄的成熟和睿智。商场以成败论英雄，其中也有年轻人的一片天地，他们的老板范儿很强。

一名80后的年轻人，很小的时候就对电脑感兴趣，那时候中国的电脑还很少，家里人为他花钱买了一台。从此，他就迷上了电脑，每天花很多时间在电脑上，但他不是在玩游戏，而是学习课本上学不到的东西。他的学习成绩一直很好。

考大学的时候他选择了计算机专业，这是他一直以来的兴趣。大学期间，他不但刻苦学习专业知识，而且凭借自己的兴趣爱好创办了一个网站，专门提供音乐下载。刚开始，他只是把这当做自己的爱好，然而没想到越做越大。

大学毕业后，当很多人还在为找工作四处奔波的时候，他已经开始了自己的创业。通过几年的努力，他的公司有了很大的发展，现在的他已经身家过亿。

面对记者的采访，他表现得很沉稳大气，侃侃而谈，全然看不到一个刚大学毕业几年的年轻人的毛躁。当记者问他是什么促使他自己创业的时候，他说首先是兴趣爱好，刚开始他也只是感兴趣，另外，就是坚持和努力，他为此付出了巨大的心血和汗水。

我们能够看到上述故事中的年轻人成熟的一面，有主见，有想法，并且喜欢迎接挑战。当一步步做大的时候，他没有骄傲自大，而是有着清醒的头脑和理性的判断。正是这些特质，加上他的努力，造就了一个成功的典范。他的成功是可以学习和借鉴的，这对创业者来言，是很有意义的。

年轻人要想创业成功是很不容易的，他必须付出很多的努力，承受很大的压力。此外，很重要的一点是还要有成功者的范儿，那就是要有魄力和决断力。这名年轻人做得很好，他为年轻的创业者树立了一个很好的榜样。

守业有道

孙权年纪轻轻就表现出了很好的领导能力，面对曹操大军的进攻，他毫不畏惧，联合刘备，最终在赤壁大胜曹操。26岁就玩赤壁大战，这是孙权领导范儿的一次完美展现。他虽然年轻，但是头脑冷静，睿智过人，善于用人，用很少的兵力打败了曹操强大的军队，令人刮目相看。

赤壁大胜曹孟德——让正反两派PK出真知

曹操基本上统一了北方之后，准备南征。后来，他亲率大军南征荆州，向宛城、叶县进发，派曹洪等人从东面的小路发动奇袭。荆州牧刘表病死，其次子刘琮继位。看到南征的曹操兵力强盛，刘琮惊慌失措，他接受了蒯越与傅巽等人的劝说，投降曹操。刘备还在准备抵抗曹操，听到刘琮投降曹操后，一时没有了主意，只得南逃。

曹操留曹仁驻守江陵，自己率领大军继续进发，直取东吴。当时，曹操来势汹汹，气势很盛，以张昭为代表的一部分谋士主张投降，他们认为曹操托名汉相，是挟天子以征四方，如果抵抗的话，就是对天子的不敬，在道义上就站不住脚。同时，曹操已占领长江，江东已经没有天险可守。如果投降，还可以保住江东百姓的生命，使他们免遭战乱之苦。

此时，曹操又送来劝降书，语气强硬，曹操打算用这个办法给孙权施加压力，迫使他投降，即便不投降，也可以打击东吴军队的士气。张昭等人见到曹操的劝降书，更加坚定地劝说孙权投降曹操。

其实，一开始东吴内部就分成了两派，以张昭为主的主降派在发表自己看法的时候，以周瑜和鲁肃为主的主战派也在劝说孙权，希望他能够与曹操一战。

孙权并没有当即表态，他很善于倾听下属的意见。他要广泛听取大家的意见。鲁肃和周瑜是坚决支持孙权与曹操作战的，他们认为战胜曹操是有很大可能的。同时鲁肃告诉孙权，别人可以投降，但是孙权不能投降，别人投降了还可以谋个一官半职，孙权投降了，曹操会怎么安排呢？

鲁肃带来了诸葛亮，表达了刘备与孙权联合共同抗击曹操的想法。同时，诸葛亮仔细分析了曹操军队的弱点：曹操的士兵都是北方人，不习惯水战；虽然人数众多，但是很大一部分人是各个地方投降的士兵，战斗力薄弱。这就给孙刘联军提供了战胜曹操的机会。诸葛亮还用激将法激发孙权的斗志，直到孙权表态，联合刘备共同抗击曹操。

孙权不表态，并不代表他心里没有自己的想法。其实，他心里是倾向于与曹操开战的，但是他的做事风格就是这样，不轻易表态，给大家充分的机会表达自己的想法。于是，就有了两派的激烈争论。他这样做是向下属传达一个意思，那就是他是一个开明的领导者，广泛听取大家的意见和建议。孙权的性格和做事的原则决定了他不会轻易认输和投降，只是还没有到他做决定的时机。诸葛亮的到来给了孙权最合适的时机，于是他挥剑断案，以示抗击曹操的决心。最终孙权与刘备联合，赤壁大胜曹操。

给下属说话的机会。孙权比较开明，面对曹操进攻的巨大压力，他给每个人表达自己想法的机会。一个充分听取下属意见的领导者，不管他最后的决定是什么，都会得到所有下属的支持，因为他们感觉到自己受到了重视，所以他们会付出他们的忠心。

在一个公司里，对待一件事情，每个人都会有不同的看法，尤其是管理层，而这个时候老板的做法就很重要。如何既能让每个人都表达自己的看法，说出自己的想法，又能让每个人都接受自己最后的决定，是每个老板都要好好考虑的事情。一个聪明的老板，不会急于说出自己的看法，而是要让下属充分表达自己的想法，进行PK，然后再根据各种看法的利弊，作出最后的决定。这样下属也更容易接受，更愿意去执行。

某公司最近打算进行一次收购，这次收购需要动用公司很大一部分流动资金。如果公司流动资金出现问题，对于公司发展是有很大危险的，于是很多人觉得不应该收购。而另外一些人则觉得应该收购，冒险是值得的，毕竟这是一个很好的机遇，并且风险是在估值范围内的，总体来说是值得的。

看到管理层的争论，老板并没有立即表态，而是要看他们到底都有什么样的理由能够说服持不同意见的对方。力主收购的人，不但说出了自己的理由，而且给出了具体的方案，那就是联合与公司有业务关系的另外一家公司，共同收购，这样不但可以节约流动资金，而且可以共同承担风险。他们这个方案使得收购有了具体的可行性。

后来，老板经过再三考虑，最终决定采纳他们的建议，联合另外一家公司，共同收购。后来的结果证明，他们作出的选择是正确的，虽然风险不小，但是获得了丰厚的回报。当初老板并没有直接表态，而是让持不同意见的双方相互争论，正是在争论过程中，提出了具体可行的收购方案，并且最终获得了很好的效果。

守业有道

　　面对曹操的进攻，孙权的下属出现了明显不同的两种主张。孙权并没有急于表态，而是让他们相互争论。正是在争论的过程中，让孙权对局势有了更好的了解和认识，后来和刘备联合，取得了赤壁之战的胜利。如果没有孙权内部的争论，也许就没有一个明确的方案，这样的争论，为孙权提供了很好的参照。

·第三节·

封周瑜为大都督——协助得力干将
树立领导威信

　　面对曹操来进攻的局势，东吴内部形成了主战派和主降派，并且进行了激烈的讨论。后来，诸葛亮来到东吴，他向孙权陈述了刘备的诚意，希望能够联合起来对抗曹操。他不但用激将法激发孙权斗志，还向孙权分析了曹操军队的劣势，找到了战胜曹操的机会和方法。

　　在鲁肃和周瑜等主战派的力主下，加上诸葛亮的劝说，原本就倾向于与曹操作战的孙权坚定了自己的决心，决定与刘备联合，迎战曹操。为了表明自己的抗操决心，也为了不使主降派再说什么，他挥剑断案，表达了决心。

　　俗话说得好，蛇无头不行，必须选拔一个得力干将，领兵与曹操作战。既然决定了与刘备联合共同抗击曹操，下一步要做的就是整顿军队，选拔将领了。孙权是一个很开明的领导者，他充分信任下属，因此一般遇到大的战事他都不亲自出征，而是把合适的人放到合适的位置上，充分发挥其潜能和才能。因此，孙权开始考虑与曹操作战的合适领兵人选。

第二章　赤壁大战显威风

纵观东吴内部人才，孙权觉得周瑜是最合适的人选，论才能、资历，都没有什么问题，于是决定让周瑜领兵。虽然周瑜是最合适的人选，也没有别人不服的，但是这事关系到东吴生死存亡的大战，必须给予周瑜绝对的权力，帮助他树立领导者的威信。于是，周瑜封孙权为大都督，全权负责对曹操作战，领兵作战他拥有绝对的权威，别人都得服从他的调遣。同时，封程普为都督，作为副手，协助周瑜。

其实，孙权这一招是高明的。临战前，要鼓舞士兵的斗志，更要树立将领的权威，而树立将领权威的最好办法就是加封。孙权正是深知这一点，才毫不犹豫地在战前加封周瑜为大都督。

周瑜原本就很有号召力，在江东威望很高，孙权加封周瑜为大都督，更是表达了对他的器重和厚爱。同时，确定了领导者以后，可以增强团结力，确定了各自的职责，这样更利于统一指挥，团结一心，战胜曹操军队的机会就更大了。

孙权的开明在这件事情上表现得很明显。他通过加封周瑜为大都督这件事，帮助周瑜树立权威，也得到了周瑜的忠心。周瑜在赤壁之战中竭尽全力，出色地完成了任务，没有让孙权失望。孙权作为一个领导者，能够为下属想得这么周到，自然会得到下属的誓死追随。

树立了周瑜的领导威信。任何事情，只有领导有威信，才有可能把事情做好，要不然属下都不执行命令，怎么能够把事情做好？孙权正是明白这一点，才封周瑜为大都督，为的是帮助他树立威信。这样做，向所有人传达出的信息就是周瑜是这次战争的领导者，他的命令都要坚决执行。

体现了孙权的远见和深思熟虑。孙权经过深思熟虑，觉得必须树立一个领导者的威信，这样才能使大家劲往一处使，统一号令，才更有利于对曹操的战争，也更有机会取胜。孙权的远见被后来的结果证明是很正确的。

作为一个老板，要想取得好成绩，经营好一个公司，就要懂得权威的重要性。而老板不可能事必躬亲，这就需要寻找自己信得过的得力干将，帮助自己处理很多事情。要想自己委派的人能够很好地完成任务，就要树立他的威信，这样才能够更好地团结大家，齐心协力做好工作。

　　某北方一家公司，最近要开拓南方市场。老板很重视这件事情，因为这对公司的未来发展有着很大的影响，南方市场做好了，公司就有了更大的发展空间。为了能够更好地完成任务，老板从跟随自己多年的下属里挑选了一个很有能力的人，决定让他来负责这件事情。

　　老板担心有的员工不服从这位员工的领导，就想办法树立他的权威，于是提拔他为公司的副总，在公司全体员工的大会上宣布了这个任命。其实，老板这么做就是想让大家知道他是老板很重视的人，而南方市场对公司的发展是很重要的，为的是让大家全力配合他做好这件事情。

　　公司为了顺利地打开南方市场，给予了他很大的支持，只要有需要，对开拓市场有帮助，老板都会尽量满足他。看到老板这么做，他也知道了老板打开南方市场的决心。原本还对他有点不服气的一些员工，也不再有什么别的想法，而是全力配合他，全身心地为开拓新市场工作。

经过大家的共同努力，在这位副总的带领下，新市场发展得很好，在很短的时间内就占据了一定的市场份额，使得公司的发展有了更好的保障。老板看到这种情况，也很高兴，更加坚定了他自己原先的决心。如果不是老板竭力树立他的威信，也许事情不会进展得这么顺利。这个老板很聪明地作出了正确的选择，为公司开拓新市场扫除了内部障碍。

守业有道

孙权封周瑜为大都督，很好地树立了周瑜的威信，使得他可以更好地指挥大家，齐心协力，最终大败曹操。孙权的良苦用心，终于得到了回报。

·第四节·

打黄盖施苦肉计——学会
让下属深入贯彻决策精神

与曹操开战以后，看到曹操将所有战船都锁在一起，诸葛亮不谋而合地与周瑜一起提出了火攻曹操水旱大营的作战方案。确定了作战方案以后，就要寻找战机，找到合适的机会，成功的可能性就会大大提高。

就在这个时候，已投降曹操的荆州将领蔡和、蔡中兄弟，受曹操的派遣，来到周瑜大营诈降，希望作为内应，打探周瑜的消息。周瑜觉得机会来了，这两个人可以利用，于是将计就计，假意接受了二人的投降，并好好安顿。

一天夜里，周瑜正在帐内思考火攻的具体办法，黄盖来见周瑜，也提出火攻曹军的想法。周瑜表示他打算利用前来诈降的蔡中、蔡和，为曹操通报消息，用假消息迷惑曹操，对曹操实行诈降计。但是还需要有人受皮肉之苦，曹操才有可能相信。黄盖立即表示，自己愿意一试，只要对战胜曹操有利就行。于是，周瑜向黄盖交代好了，只等好戏上演。

第二天，周瑜召集大家，他命令每个将领领取3个月的粮草，做好作战准备。黄盖打断周瑜的话茬，表示早晚都得输，还不如趁早投降得了。周瑜听到这种灭自家威风、长他人志气、动摇军心的投降论调后，勃然大怒，要杀掉黄盖。而黄盖也不畏惧，他觉得自己是老臣子，有资历，不把周瑜放在眼里。

看到要杀黄盖，大家都为他求情，希望周瑜念在他是老臣的份上，不要杀他。尤其是甘宁，极力劝阻，也被周瑜一顿棍棒打出大帐。看到大家都在为黄盖求情，周瑜才不杀他，改打五十军棍。整个过程只有诸葛亮一人没有为黄盖求情，他看得出来这是周瑜和黄盖的苦肉计，而其他的将领都没有看出来，不过这倒是周瑜和黄盖希望看到的，这样效果更真实，更容易欺骗蔡和、蔡中，让他们相信黄盖是真的想投降。

为了显得更加真实，周瑜这五十军棍确实是真打的，打得黄盖皮开肉绽，鲜血迸流，一连昏死过几次。当他的好友阚泽来探望他的时候，黄盖说出了苦肉计，并让阚泽替他前去曹营代献诈降书信。

曹操起初也有所怀疑，但是得到蔡中、蔡和的来信后，知道黄盖确实被打，就信以为真，让他们两个暗中联系投降的事情。在一个大风的夜晚，黄盖去投降，借着风势，点燃船上的柴草，冲向曹操的军队，战船着火，进而军营着火，军队大乱，曹操惨败。

黄盖不惜以身犯险，用苦肉计诈降，火烧曹营，大败曹操。整个事件中，黄盖的执行能力和贯彻领导精神的做法值得肯定。这是在孙权领导下，部下一直以来形成的习惯。

迷惑了曹操，为战争胜利奠定了基础。孙权决定用苦肉计迷惑曹操，但是这需要有人去具体执行，黄盖自告奋勇，愿意为战争的胜利作出贡献。于是周瑜和黄盖商定，合演了一出苦肉计。这使多疑的曹操也深信不疑，最终通过火烧战船，打败了曹操。

贯彻了决策。孙权决定了要火攻，黄盖得知后，决定自己去做这件事情。他身受五十军棍，将苦肉计演得逼真，很好地贯彻了决策，为战争的胜利作出了自己的贡献。

一个公司要想有好的发展，就必须有一群能够贯彻决策精神的员工。如何让员工很好地贯彻决策精神，是一个老板应该好好考虑的问题。这个问题解决了，就会增强公司的凝聚力，大家都会为公司的发展着想，只要有利于公司发展的事情，大家都愿意去做。

由于市场竞争激烈，某公司面临着巨大的压力，老板正在考虑应对的措施。这个时候，公司的一名老员工找到了老板，向老板提出，鉴于现在的局势，应该大力发展新兴市场，开发那些竞争不太激烈却非常有发展空间的边远市场。

其实，老板也一直在考虑这个问题，但是很难找到一个合适的人选，毕竟开拓偏远地区的市场压力大，条件艰苦，老板一直为此烦心。这名老员工看到老板这么为难，就向老板表示自己可以试试，如果不顺利的话，老板再考虑其他的人选。

老板看到他自告奋勇挑战压力，很高兴。在第二天的大会上老板宣布了这个决定，由这位老员工负责开拓边远地区的市场。其实，作为公司的老员工，一步步看着公司成长，现在公司遇到了困难，很多人心里都不好受，但是却没有几个人敢于去尝试开拓边远市场的挑战。这位老员工的勇气让老板很敬佩。

在陌生的环境里，面对很多的困难，这位老员工都一一克服了，新市场发展得很好，有着广阔的发展空间。在老员工的努力下，新市场创造了很好的业绩，使得公司逐渐摆脱了困境，恢复了元气，向良好的方向发展。

老员工自告奋勇，为了公司的发展接受巨大挑战，很好地贯彻了公司的决策，完成了自己的任务，这得益于老板平日的领导有方。

守业有道

在周瑜确定火攻以后，黄盖自告奋勇，愿意具体执行苦肉计，于是周瑜和黄盖合演了一出好戏，瞒过了多疑的曹操，胜利赢得了赤壁之战。黄盖深入贯彻周瑜的决策，取得了很好的效果。

·第五节·

联合刘备破曹营——要善于借助外来力量共同承担风险

曹操占领江陵后，决定乘胜顺江东下，一举拿下江东。他统率大军，浩浩荡荡地向东吴而来，这让东吴上下感到不安。孙权感到了巨大的压力，在曹操还没有南下的时候，他就感觉到曹操可能会攻打江东，便开始思考应对之策。其实，早在曹操拿下荆州的时候，孙权就深感不妙，派鲁肃前往吊唁刘表，并借机向刘备表达了联合之意，不过这只是口头上的顺嘴一说，毕竟当时曹操还没南下。

其实，诸葛亮也早就看穿了曹操的意图，鉴于刘备当时势力较弱，他也劝刘备联合孙权。刘备觉得这个办法可行，况且鲁肃已经表达了联合的意思，于是兵退樊口后，刘备便派诸葛亮出使东吴，商量联合的事情。

曹操开始南下进攻孙权的时候，孙权内部出现了比较激烈的争论，以张昭为首的一部分人主张投降，而以周瑜和鲁肃为首的一部分人则主张与曹操开战。

两部分人展开了激烈的争论，都试图说服对方，然而却都没有结果。这时候的孙权，其实心里基本上已经有了主意，但他心里也在打鼓，毕竟曹操的势力太强大，这场战争胜负几何很难预料。

诸葛亮来到东吴后，就向孙权表达了刘备想与孙权联合共同抗击曹操的想法，而且他也向孙权分析了曹操军队的弱点，他们劳师远征，况且多是北方人，不习惯南方的气候，虽然人数众多，但很多是投降过来的军队，战斗力很弱，是可以战胜曹操的。看到孙权还在犹豫，诸葛亮用了激将法，激起了孙权心中的斗志。

原本孙权就倾向于与曹操作战，又听到了诸葛亮的分析，觉得很有道理。况且，与刘备联合，可以增强实力，增大战胜曹操的可能性，也降低了自己的风险。于是，孙权坚定了与刘备联合抗击曹操的决心，并且派周瑜、程普、鲁肃率三万水军，与刘备会合，共同抗击曹操。

孙权看清了当时的局势，单凭自己的力量不足以抵抗曹操。因此，最明智的做法就是和刘备联合起来，共同抗击曹操，这样才能增强彼此的力量，降低各自的风险。于是，孙权与刘备联合，使得抗击曹操有了更大的胜算。

增强了力量。 刘备战败以后，仅余两万余人，孙权虽然有十万兵马，但是他想一个人抵抗曹操，也是有很大困难的。刘备和孙权都明白自己的处境，都对自己的力量有比较准确的判断。为了增强彼此的力量，降低风险，联合起来是最好的选择，对双方都有好处。

共担了风险。在当时的条件下，孙权和刘备都面临很大的风险。曹操更希望看到他们各自为战，虽然曹操并不惧怕他们联合，但是联合起来会更难对付。孙权和刘备的联合，使两个人走到了一起，使得孙权找到了与自己共同承担风险的伙伴，这在无形中就降低了东吴的风险，而战胜曹操的可能性也大大提高。

现在的老板，为了降低自己的风险，都会寻找合适的伙伴，联合起来。借助外来力量共同承担风险，可以在激烈的市场竞争中增强自己的竞争力，占据市场竞争的主导地位。

某地有家高新技术企业，正处于发展阶段。要想研发新产品，需要公司自主搞科研，但是科研需要高投入。面对行业内越来越激烈的竞争，他明白单凭自己的力量，很难在短时间内获得快速发展，还要面临巨大的风险。于是，他想找一家合适的合作伙伴，引入科研资金，借助外来力量降低公司的风险。

有了这样的想法，他就留心注意这件事情。一个偶然的机会，他得知一个朋友的合作伙伴对这个行业比较感兴趣，于是经过朋友的推荐，他认识了这个合作伙伴。两个人谈了几次以后，这个合作伙伴对他的企业发展很看好，于是他希望这个合作伙伴能够与自己合作，通过注入研发资金的形式，占有一部分的股份。这个合作伙伴听了以后觉得很好，同意考虑一下。

这个合作伙伴回到公司后，进行了详细的论证，并对公司的发展前景进行了判断，他觉得这个投资会有很大的回报，并且风险不是很大，于是决定合作。

上面这个案例中的老板是聪明的，借助外来资金解决了公司研发资金困难的难题，使得公司发展有了更好的保障。同时，借助外来力量，可以降低公司的风险，这是一个很好的选择。面对市场现状，老板很敏锐地看到了发展机遇，并且通过自己的努力争取到了这样的机会，使公司的发展有了资金保障，实现了与投资方的双赢。

守业有道

曹操大军进攻，孙权并没有慌张，他决定抵抗曹操。孙权没有孤军作战，而是和刘备联合，这样就增强了实力，降低了风险，也增加了战胜曹操的机会。从这一点上来说，孙权是一个很理性的人，在面临巨大压力的时候，能够作出最有利于自己的选择，这是很不容易的。

·第六节·

亲自下马迎鲁肃——对于表现卓越的
员工要有特殊奖励

赤壁之战前，鲁肃是坚定的主战派，支持并说服孙权与曹操开战，并且促成了东吴与刘备的联合，终于在赤壁大败曹操。

赤壁之战后，鲁肃得胜归来，孙权为了迎接鲁肃，带领所有留守的大将聚集在城门前等候，大张旗鼓地迎接他，排场很大。远远地看到鲁肃过来了，孙权下马迎接鲁肃，并对他说："子敬，我带领众将下马相迎，足够显示出我对你的重视了吧。"

鲁肃摇头说："这样显示不出对我的重视。"众人听了，都感到非常惊讶。鲁肃来到大殿就座后，慢慢地说："我希望我主的威望和品德能够照耀四方，总括九州，以后成就帝业，带领官员迎接我，那才能显示出对我的重视。"孙权听后开怀大笑，此后愈加倚重鲁肃，把他称作自己的邓禹。

对于在赤壁之战中作出巨大贡献的鲁肃，在他得胜归来的时候，孙权亲自下马相迎，显示出对鲁肃的重视，这是对他辛苦付出的肯定。孙权给予鲁肃极大的礼遇，是在向别人传达一个信息，那就是只要表现优异，他是会看在眼里，记在心里的。这能激发大家的干劲，是要大家明白，只要努力付出，是会得到回报的。

对鲁肃的肯定。赤壁之战后，鲁肃归来，孙权亲自下马迎接，这对鲁肃而言是极大的荣耀，是孙权对鲁肃优异表现的肯定和奖励。对于鲁肃而言，能够遇上这样的领导者，还能不为他卖命吗？

对其他人的鞭策和激励。孙权给予鲁肃很大的荣耀，亲自下马迎接他得胜归来。他向众将表明，大家要全心全意地做好自己的本职工作。同时，也是对大家积极性和进取心的激发，大家在心里会形成一种共识，那就是只要表现优异，是会得到肯定和奖励的。

一个公司要想发展，要靠所有员工的努力。老板要做的事情就是采取一定的措施，激发员工的积极性，使他们更加努力地工作。而对于表现卓越的员工要有特殊奖励，这样才能使大家看到努力的方向和奋斗的目标。如果对表现一般的人和表现优异的人都同等对待，大家就会失去工作的动力，那对于公司的发展也是不好的。

年底的时候，某公司为了表彰为公司发展作出突出贡献的员工，并激发所有员工的工作积极性，召开了一次隆重的表彰大会。在表彰大会上，老板亲自为获得奖励的优秀员工颁发纪念证书和物质奖励。表现最优秀的两名员工，得到的奖励分别是一辆家庭轿车，而其他优秀员工也得到了丰厚的物质奖励。台下的员工看到这种情形，也在心里想，明年一定努力工作，争取成为台上的人。

上面案例中的老板是个有心人，每个人对公司的贡献和付出的努力，他都非常了解。为了激励大家，老板通过表彰大会的方式向大家表明，只要付出，总会得到相应的回报。他一直强调要公平地对待员工，为公司发展作出贡献的员工，理应得到相应的回报。通过物质奖励的方式，表达的是对员工工作的肯定。

这个老板采取的办法是非常有效果的。对于表现卓越的员工要进行特殊奖励，不但是对优秀员工的激励，更是对其他员工的鞭策。这样的方式，可以在公司内部激发员工的工作积极性，使每个人都能更加积极主动地完成工作任务，在实现自我价值的同时，为公司的发展作出更大的贡献。

守业有道

赤壁大战之后，鲁肃得胜归来，孙权亲自下马迎接，给予了鲁肃极大的礼遇，这是对鲁肃所做工作的肯定和赞扬，同时，树立他为标杆和榜样，可以激励其他人努力向他看齐，更好地为东吴的发展贡献自己的力量。

第二章 赤壁大战显威风

小妹远嫁刘玄德——商业同盟关系要稳固

　　赤壁之战后，刘备向孙权借荆州。孙权权衡利弊，觉得这样既可以加强和刘备的关系，又可以让刘备牵制曹操，降低东吴的风险，况且刘备明确表示将来有所发展以后必定归还。于是，孙权将荆州借给了刘备。

　　令孙权没有想到的是，后来刘备入主益州，有了很好的发展。孙权派鲁肃去讨要荆州，却被刘备以种种借口拒绝，表示有了更好的发展以后一定归还。这让孙权很生气，觉得鲁肃是被刘备骗了。这时候，周瑜献上一计，可以帮助孙权取回荆州。当时，刘备刚刚痛失夫人，于是孙权假借将妹妹嫁给刘备之名，希望将刘备骗到东吴，然后拿刘备与诸葛亮换回荆州。

　　当时诸葛亮看透了孙权的计策，但他还是让刘备放心大胆地去东吴，并且给了随行的赵云三个锦囊，叮嘱他何时打开。到了东吴，赵云按照诸葛亮的锦囊行事，使得孙权的计谋没有得逞。

原本，周瑜和孙权商定的是只要把刘备骗来就行了，没想到刘备一到东吴就大张旗鼓地宣传，使得东吴人尽皆知。周瑜看到这种情况，就建议孙权千万不能让他的母亲知道这件事情。而刘备则抢先一步，通过乔国老，让孙权的母亲知道了此事，她想看看刘备，觉得好的话当真就把孙权的妹妹嫁给刘备。

周瑜又建议孙权，在见刘备的时候，埋伏好刀斧手，随时准备杀死刘备，但是刘备又巧妙地破坏了孙权的计谋。孙权的母亲见了刘备，很满意，于是为他和孙权的妹妹举行了隆重的婚礼。

孙权看到事已至此，已经没有挽回的余地，于是也就默认了这样的事实。但他还是不甘心，于是按照周瑜的计策，给刘备提供好吃好喝的，让他享受生活，消磨他的意志。后来，刘备巧妙地和他的妹妹一起离开了东吴。孙权的计策彻底失败。

刚开始的时候，孙权是假借将妹妹嫁给刘备的名义，希望达到自己的目的，但是最终计谋失败，就承认了这门亲事。将妹妹嫁给刘备，使得孙权和刘备成了亲戚，拉近了他们之间的关系，使他们之间的联合更加稳固，这对于双方其实都是有好处的，这样他们就可以更好地对抗曹操。虽然将妹妹嫁给刘备是为了拿回荆州，但是孙权明白，他和刘备之间的合作关系更重要；虽然不是一开始就出于自愿，但是能够通过这桩婚姻稳固他们之间的合作关系，孙权还是很高兴的。

稳固了与刘备之间的关系。孙权原本就与刘备有着很好的合作关系，正是因为这样，他才没有以武力夺取荆州，而是希望通过运用计策达到这个目的。虽然计策没有成功，但是将妹妹嫁给刘备，增强了他们之间的合作关系，对他们的发展都是有利的。

现在的市场竞争，一个企业单凭自己的力量很难从容地应付。很多老板都选择了与其他公司采取各种形式的合作，共同面对市场竞争。这样，就增强了自己的力量，可以和合作伙伴共同承担风险，使得自己面临的风险降低。同时，还可以共享技术，促进公司更快地发展。因此，老板都很重视与合作伙伴之间的关系，并且采取各种措施稳固合作关系，使公司的发展有更好的保证。

　　某公司正处于发展的关键时期，面对激烈的市场竞争，公司的老板越来越感觉到力不从心。于是，在经过大量的调研和考察后，他们与一家有合作意愿的公司建立了合作关系，希望通过双方的合作，增强应对市场竞争的能力，使公司得到更好的发展。

　　自从双方联合以后，这个老板发现公司的业务有了起色，这使得他更加重视与合作伙伴的合作关系。于是，他开始通过各种方式稳固他们之间的合作关系，加深双方之间的信任。

　　通过这一系列稳固商业同盟关系的措施，他的公司增强了竞争能力，在发展的关键时期得到了很好的保障，顺利地实现了公司的跨越式发展。通过这样的合作，这个老板对于商业同盟关系有了更深刻的认识，在以后的合作中，刻意地去维护他们之间的合作关系，他希望通过更深层次的合作，能够使公司有更好的发展。

这个老板作出了正确的选择。如果他没有采取合作的形式，也许他的公司会在发展的过程中面临更大的困难，可能会有倒闭或者破产的危险。当他选择合作以后，增强了公司应对风险和压力的能力，通过合作，共同承担风险，无形之中降低了公司的发展风险。

守业有道

孙权通过将妹妹嫁给刘备，很好地稳固了他们之间的合作关系。在当时的局势下，这是很有好处的，可以促使他们共同应对曹操，增强彼此的力量，降低各自的风险。

出借荆州建联盟——诚信为上
说到一定要做到

公元208年，孙权与刘备联合，与曹军在赤壁大战，他们通过苦肉计，让黄盖诈降，采用火攻，曹军大败。赤壁之战后，孙权乘胜追击曹兵，占据了荆州。刘备虽然与孙权合作，但是战后并没有获得什么地盘，因此想向孙权借荆州，等待自己有所发展了，再将荆州还给孙权。

荆州北据汉沔，利尽南海，东连吴会，西通巴蜀，是兵家必争之地，战略地位非常重要。荆州是当时中国南方的交通要道，也是军事重地，不管是谁占据荆州，都不会轻易放手。战后周瑜亲任南郡太守，坐镇江陵，控制着荆州，足以看出他对荆州的重视。

赤壁之战后，刘备率本部兵马守江南的立营油江口。他知道这些小地方不能满足自己的需求，要想有更大的发展，必须有自己稳定的地盘。于是，在诸葛亮的建议下，刘备为了给自己争取更大的利益，向孙权两次提出借荆州。

然而，周瑜坚决不同意把荆州借给刘备，他知道刘备明白名义上是借，其实是要，借了以后肯定要不回来。荆州战略位置重要，只有控制在自己手里才是最安全的。由于周瑜在东吴威望很高，他坚决反对借荆州给刘备，刘备这次借荆州也就没成功。

刘备陪妻回家省亲，到江东见孙权时，提出请孙权让出江陵，孙权当时未正面答复。刘备回荆州后，鉴于江陵为荆州咽喉，便有武力夺取的打算。不久，周瑜病死，鲁肃接替周瑜。鲁肃从东吴的长远发展考虑，为巩固联盟，建议将江陵暂时"借"给刘备，刘备获得了江陵的控制权。

后来，孙权率军进攻合肥失败，他意识到自己的敌人仍然是曹操。此时，仍然需要与刘备联合，这是当时的局势，孙权看得很明白，于是便将荆州借给了刘备。刘备借得荆州后，以荆州为立足点，专心经营，扩大势力。

其实，孙权借荆州给刘备，对自己也是有好处的，这样可以牵制曹操的兵力，降低东吴的危险。那时候，孙权和刘备还是盟友关系，不用考虑刘备的威胁，况且刘备刚刚休养生息，实力还不足以威胁到孙权。正是考虑到这些，孙权才最终把荆州借给了刘备。

孙权答应借荆州给刘备，并没有食言，即便荆州的战略地位很重要。这是他诚信的一种体现，而他的这种诚信不但可以得到刘备的赞赏，对于他统领整个江东也是很有好处的。一个诚实守信的领导者，会得到下属更多的支持。

巩固了和刘备之间的关系。赤壁之战的联合，使得孙权和刘备之间的关系变得很友好，双方共同击败曹操。而赤壁之战后，孙权借荆州给刘备，使得刘备有了稳定的地盘，得以休养生息，以图发展，这就更加巩固了他们之间的关系。

表达了诚信。孙权经过再三考虑，最终答应借荆州给刘备。他并没有食言，按照约定借给了刘备，履行了自己的诺言，表达了自己的诚信。这对于他与刘备之间的关系是很重要的，可以使得他们之间的关系更加牢固。

降低了东吴的风险。借荆州给刘备，可以很好地牵制曹操，降低了东吴的风险，对东吴有益。这是孙权借给刘备荆州的很重要的原因。

现代社会，很多创业者都是白手起家，其中很多人刚开始创业的时候，都没有什么靠山，靠的都是诚信。只有以诚信为本，才能够拥有稳定的客户，促进公司的发展。

一位小老板，经营着一个小公司，公司运营得很好。在一次业务合作中，这家公司和别的公司签订了供货合同，规定了具体的供货时间和质量要求。如果不履行合同，公司将会面临巨大的违约金赔付。老板敢于签订这样的合同，是对自己公司发展比较自信，认为公司完全有能力按期履行合同。

然而，令人意想不到的事情发生了，由于生产员工的疏忽，生产了一大批不合格的产品，这样的产品是不能给客户的。公司面临着巨大的损失，老板最担心的不是这个，而是公司的诚信，因为他知道，钱赔了可以再赚，信誉毁了就很难挽回了。

于是，他花高价让别的公司代为生产这批产品，这才按时完成了客户的合同，产品质量好，客户很满意。事后当客户得知这其中的故事时，更是被老板的诚信所感动，表示以后会加强与他们的合作。老板这次的合作亏了钱，然而他却用诚信赢得了尊重，也赢得了长期合作的机会。客户的认同是最重要的，它带来的是发展的机遇，不是多少钱就可以衡量的。

这个老板恪守诚信，说到就一定要做到，按时完成了客户的合同。虽然损失了经济利益，却获得了客户的好评和赞赏，这是一种无形的财富，是更加宝贵的财富，它使得公司能够有长远的发展。

守业有道

赤壁之战后，刘备向孙权借荆州，孙权最后答应了。他没有食言，恪守诚信，借荆州给刘备，强化了双方的合作关系，以刘备牵制曹操，使东吴的安全有了更好的保障。

独具特色驭人管理

·第一节·

一处伤赐一杯酒——善用酒文化统摄人心

孙权进攻合肥，攻打了很长一段时间，仍然没有攻下来。正当孙权在濡须口整顿人马，准备继续进攻合肥时，突然得知曹操率大军来解合肥之围。于是，孙权在水陆全面布防，曹操大军越来越近，东吴将领毫无畏惧，随时准备与曹操开战。

第二天，曹操兵分五路进攻濡须口，每路各带一万人马，朝江边杀来。当时，董袭、徐盛在楼船上负责防卫，看到五路军马来到，毫无惧色。徐盛带领数百人，用小船渡到江边，杀入李典军中。董袭在船上，令众军擂鼓呐喊助威。徐盛在李典军中，往来冲突。

孙权得到曹兵杀到江边的消息，亲自与周泰引军前来助战，刚好看到徐盛在李典军中冲杀，便杀入接应，没想到，却被张辽、徐晃围困起来。曹操看到孙权被围，命令许诸杀入军中，把孙权的军队隔成两段，使他们彼此不能相救，希望能够抓获孙权。

第三章 独具特色驭人管理

周泰从乱军中杀出，到了江边，没见到孙权，于是又杀入阵中，找到孙权。他在前面开路，让孙权在后面跟随，奋力冲杀。周泰到了江边，回头又不见孙权，于是又回身杀入重围中，找到孙权。这一次，他让孙权在前，自己断后。周泰为了掩护孙权，被刺中数枪，伤得不轻，终于将孙权救出重围。

周泰和孙权来到江边，刚好碰到吕蒙带领水军前来接应。孙权说："幸亏有周泰舍命相助我才能脱险。现在徐盛还被围困，怎么解救？"周泰说："我再去救人。"于是，又杀回到重围之中，救出徐盛，二将都受重伤。

濡须口之战周泰两次舍命杀入重围，救孙权于危难之中。孙权为了表彰周泰的救护之功，设宴款待。他让周泰脱下上衣，望着遍体鳞伤的周泰，亲自为周泰斟酒，查看周泰身上的伤情，只要周泰身上有一处伤，孙权便赐给周泰一杯酒。周泰很感激主公的盛情，起身接过，一饮而尽，但是喝完三杯后周泰就推让，坚决不喝了，觉得主公太抬爱了。孙权便说，必须喝完，一醉方休，周泰大醉。孙权对下属的感激，让在场的将领都很感动，尤其是周泰，没喝几杯酒已经感动得热泪盈眶。

孙权设宴，表彰周泰的战功，通过一处伤赐一杯酒的做法，来感激周泰的救命之恩，同时也向文武百官表达他的爱才之心。孙权希望通过这件事，收买下属的心，让他们能够像周泰一样，誓死为自己效力。孙权通过中国独特的酒文化，既表达了自己对下属的感激之情，又收买了下属的效忠之心，可谓是一举两得。孙权善于统摄人心，在他的带领下，东吴的文武大臣都死心塌地地听命于他，并且尽自己最大的努力为他效力。

感谢下属的救命之恩。周泰两次杀入重围，以身犯险，冒着生命危险，将孙权救出。孙权很感激，设宴款待，以此表达自己的谢意。同时，向其他将领传达一个意思，那就是只要尽心为孙权效力，他都会看在眼里，记在心里。

表明自己重视人才，得到了下属的忠心。孙权通过厚待周泰，表明自己重视人才。同时，也让其他下属看到了他对下属的重视，更加卖力地为孙权效忠了。

酒文化在中国源远流长。酒文化在很多时候能起到很重要的作用。一个聪明的老板，往往很善于用酒文化统摄人心，通过与下属在酒桌上的沟通，拉近与下属之间的距离。通过对下属的关注和尊重，得到下属的感恩，使下属更加忠心地为自己工作，促进公司的不断发展。

　　小李是东北人，在南方开了一家小公司，经营得非常好。最近，公司谈成了一笔大业务，为了感谢大家的努力，小李请公司的员工到酒店吃饭，算是对员工辛勤工作的肯定和鼓励，也是希望他们能够再接再厉，做得更好。

　　本来东北人就很豪爽，小李酒量又比较大，喝了不少酒。他为每个人斟满酒，然后和员工一饮而尽。在酒桌上，他感谢大家为公司作出的贡献，希望大家不要满足于小成绩，而要更加严格地要求自己，不断进步，取得更大的成绩。

小李在几个酒桌之间来回穿梭，每一个同事他都照顾到。平时，小李表现得很严肃，总是不苟言笑，板着脸，大家都觉得他很难接近。然而，这次的小李表现让大家觉得亲切很多，觉得他还是一个很平易近人的老板，并且懂得尊重下属。大家觉得和这样的老板在一起工作，是很舒心的事情。

小李是一个把工作和生活分得很清楚的人。他并没有把请员工吃饭看作是工作，而是觉得这是一个和员工沟通和交流的好机会，此时此刻，他不仅仅是一个老板，更是大家的朋友。看到他这样的表态和不同于平时老板做派的表现，大家觉得这才是真实的小李，这样的小李更容易接触和沟通。

通过酒桌上的自我流露，小李让员工们看到了一个更加真实的自己，拉近了他和员工的距离。通过这样的方式对员工取得的成绩进行表扬和鼓励，既是对员工的肯定，也能很好地获得员工的心，可谓一举两得。

守业有道

面对杀进重围舍身救出自己的周泰，孙权很感激，设宴表达对他的感谢，并且一处伤赐一杯酒，最后周泰大醉。孙权通过这样的方式，表达对下属的关心和感谢，进一步得到了下属的忠心。

·第二节·

斥流言重用子瑜——用人不疑得忠诚

东汉末年，天下大乱，诸葛亮在隆中躬耕陇亩，后来刘备"三顾茅庐"，感动诸葛亮，他出山辅佐刘备；诸葛亮的兄长诸葛瑾，避乱江东，经孙权妹婿弘咨推荐，投到孙权手下，受到礼遇。诸葛瑾刚开始的时候做长史，后来成为南郡太守，再后来成为大将军，领豫州牧。

孙权重用诸葛瑾，原本是一件很好的事情，可以使人才得到发挥自己才能的空间和舞台。然而，这引起了一些人的嫉妒，说他明保孙吴，暗通刘备，尤其是孙权夺荆州、杀关羽以后，刘备准备大军伐吴，诸葛瑾给诸葛亮写了一封信，其实是希望他劝刘备不要出兵。但这被一些别有用心的人利用，一时间谣言四起，对诸葛瑾很不利。

陆逊是一个很重情义的人，与诸葛瑾交情很好，他听说这件事情后非常震惊，当即上表孙权，替诸葛瑾说话，他以自己的性命担保诸葛瑾忠心事吴，恳请孙权不要听信谗言，应该消除对他的疑虑。

孙权与诸葛瑾共事多年，他对诸葛瑾十分了解，也非常信任。对于他的为人，孙权是知道的，不合道义的事不做，不合道义的话不说，是一个道德品行很高的人。刘备派诸葛亮来东吴的时候，孙权曾希望诸葛瑾劝说诸葛亮留下来，在东吴效力。但是诸葛瑾表示，诸葛亮已经投靠刘备，应该效忠刘备，而他在东吴，就会效忠于孙权。这样的回答让孙权感觉很意外，但是他也很满意，至少证明诸葛瑾是一个忠心的人，并且他很有才能，可以重用。

孙权斥流言重用诸葛瑾，这让诸葛瑾很感动，觉得自己的努力没有白费，诸葛瑾都看在眼里，记在心里。这更加坚定了他为孙权效忠的决心和信念。

孙权面对流言，不为所动，坚信自己的判断，相信诸葛瑾的为人，认为他绝对不会像流言中所说的那样背叛东吴，这一点孙权还是自信的。他和诸葛瑾，不仅仅是君臣的关系，也是朋友，孙权很敬重诸葛瑾的才华和能力，不但没有怀疑他，反而重用他。

孙权看到那些诋毁诸葛瑾的奏章，当场便封起来派人交给了诸葛瑾，并写了一封亲笔信给诸葛瑾，通过这件事情来表明自己对诸葛瑾的信任。很快孙权就得到了诸葛瑾的回信，信中表达了对孙权信任他的感激，同时表明会更加努力地用自己的实际行动来回报孙权的信任。

孙权重用诸葛瑾，引起了一些人的嫉妒，于是这些人开始散布流言，并向孙权进谗言，但是，孙权了解诸葛瑾的为人，他相信诸葛瑾是不会做这样的事情的。孙权没有因为谗言而怀疑诸葛瑾，而是对其更加信任。这让诸葛瑾很感动，孙权也借着这件事情来表明自己对属下的信任，得到了属下的认同。

表明自己对属下的信任。 面对流言，孙权理性看待，他了解诸葛瑾的为人，没有因为这个而怀疑他，而是更加相信他、重用他。这是对属下的最大支持，能得到了下属的感激，更加努力地为其工作。

用人不疑。 作为一个领导者，要信任下属，不能总是疑神疑鬼。同时，要坚信下属能做好自己的事情，不能事事亲力亲为。只要下属有能力完成某项任务，授权后，就应允许他拥有一定的自主权，下属职权范围内的事让他自己处理。只要不违背大原则，大可不必过问，不要随意进行牵制和干预。

在公司里，很容易产生非议和流言，这时候，老板不能被流言所动，要有自己的判断，坚信自己的感觉。在公司里，成功的人往往会有人嫉妒，而这很容易产生流言。如何看待流言，是对一个老板很大的考验，处理好了，可以促进公司的发展；处理不好，就可能很被动，影响团结，不利于公司的发展。

小王经营着一家高科技产业公司，为了促进公司的发展，他高薪从竞争对手那里挖来了一名技术骨干。其实，他有这个想法的时候，就有人提出了不同的意见，认为从竞争对手那里挖人，风险很大，万一是对手安排到公司的"内线"，那公司机密就有泄漏的可能，而公司也将面临很大的风险和压力。但是，为了促进公司更快地发展，小王顾不得那么多了，最后选定了人选，签订了工作合同。

这名技术骨干来到公司以后，马上投入工作中，很快就适应了新公司的新职位。慢慢地，这位技术骨干对公司中的作用越来越大，为公司解决了很多技术难题。这时候，有的员工就开始嫉妒，开始散布流言，说他做出成绩只是为了掩人耳目，等到掌握了公司的核心机密，就会"叛逃"回原来的公司。

小王听到了这些言论，但是他坚决不为所动，他相信自己的选择。当初面试的时候，有好几个备选人，小王最后选择了这个人，并不是因为他的技术能力最好，首先是因为这个人很诚实、不滑头，一看就是个认真工作的人。

小王坚持用人不疑的原则，也得到了回报，在他的领导下，公司很多的技术创新都走在了前列，远远地甩开了竞争对手，被他高薪挖来的技术人员，用这样的成就回击了流言，回报了老板。

守业有道

孙权用人不疑，重用诸葛瑾，用实际行动击碎了流言。而诸葛瑾则用自己的效忠回报了孙权，为东吴的发展作出了贡献。

·第三节·

遇大战事不亲征——关键时刻勇于放权

　　孙权执掌江东后，面对内外局势，稳妥地处理了各项事物，稳住了局势，得到了下属的认可和支持。孙权开始了稳固江东的尝试，并且希望能够有所发展。他是一个知人善任的领导者，很了解下属的才能，知道如何使每个人更好地发挥才能，为东吴的发展贡献力量。

　　孙权懂得，作为一个领导者，不能事无巨细，而要懂得有所取舍，知道自己最应该做的事情是什么。这就需要他对下属充分信任，在关键时候能够放权，不对他们进行干涉，给他们充分的空间和自由，发挥自己的聪明才智。孙权的这种做法最明显的表现就是，遇大战事不亲征，对下属充分放权，完全信任他们。他的信任也得到了回报。

　　曹操率大军进攻东吴，并写信向孙权挑衅，逼迫他投降。当时有人主张投降，如张昭等，有人主张开战，如鲁肃和周瑜等。面对当时的局势，权衡利弊以

第三章　独具特色驭人管理

后，孙权决定与刘备联合，共同抗击曹操。但是，孙权并不亲征，而是任命周瑜和程普为左右都督，全权负责赤壁之战的事情，对他们放权，并且绝对地信任他们。

孙权的信任得到了回报。周瑜和程普不负众望，与刘备联合，最终获得赤壁之战的胜利，并且乘胜追击，拿下荆州，扩大了江东的地盘。孙权对于周瑜和程普的能力还是很信任的，也相信他们能够很好地完成任务，他的放权和信任激励了周瑜和程普，使他们更加有斗志，更加用心，用战争的胜利回报了孙权的信任。

后来，由于刘备几次三番拒绝归还荆州，孙权武力夺取荆州，并擒杀了关羽。这让刘备悲痛欲绝，拒绝了所有人的劝解，倾全国之兵力伐吴，为关羽报仇。此时的孙权，又作出了一个让大多数人都意想不到的决定，让不怎么出名的陆逊担任将军，负责与刘备作战的所有事情。

在当时看来，这是一个疯狂的决定，然而孙权决定了就不再犹豫，他放权给陆逊，让他按照自己的想法去做。而陆逊也不含糊，指挥军队迎敌，利用拖延战术，消耗刘备军队的耐心。由于天气炎热，刘备军队扎营在密林里，这给了陆逊一个千载难逢的好机会，最后他用火攻击败刘备，获得了夷陵之战的胜利。陆逊用出色的战绩回报了孙权。孙权在关键时刻勇于放权，对下属绝对信任，取得了良好的效果。

从上面两次大的战争就可以看出，孙权在遇到大战争的时候，都不亲征，而是充分信任自己的下属，放权给他们。同时，放权给他们了，就不去干涉他们，相信他们可以做得很好。他的这种做法收到了很好的效果，获得了几次大战的胜利。

　　勇于放权，可以激发下属的积极性和主动性。作为一个领导者，放权给下属，不轻易干涉他们的活动，可以让他们充分发挥自己的积极性和主动性，能更好地完成任务，得到自己想要的结果。孙权在几次大的战争中的放权，都获得了很好的回报。

　　充分信任下属。孙权对下属很有信心，在大战争中都会放权，让他们自主地指挥战争，更好地发挥他们的才能和主动性。放权意味着充分信任，信任他们能够完成任务，对他们的能力有着绝对的自信。领导者的信任可以给下属以激励和鼓舞，更好地完成既定任务。

　　一个事必躬亲的老板，很难将公司做大，毕竟一个人的精力有限。只有懂得信任下属，敢于放权，才能够带领员工取得更大的成就，也才能使公司有一个更大的发展。老板放权给管理层，自己只负责重大的事情和设计公司发展战略的事情，日常的具体事情由管理层带领员工去做，这样才是合理的，才能推动公司不断发展壮大。

　　刘军白手起家，经过多年的打拼，创立了现在的公司。最近，他越来越感觉到力不从心，总有忙不完的工作，这让他很头疼。公司不断发展，自己应该高兴，然而他却感受不到任何喜悦，他自己也不知道这是怎么了。

有一次，他和朋友一起吃饭，说起了这个问题，朋友的一席话让他受益良多。朋友告诉他，一个人在刚开始创业的时候，企业规模小，甚至自己一个人就可以做完全部的工作，这个时候，亲力亲为是没有任何问题的，这还可以体现出创业者吃苦耐劳的优良品质。然而，一个人的精力是有限的，当公司不断发展的时候，需要解决的事情越来越多，这个时候就要学会信任下属，适当放权给他们，让他们去解决具体的问题，老板只需要关注重大问题就行了。如果此时你还是什么事情都过问，肯定会很累，会有做不完的事情找上门来。

听了朋友的话，刘军明白了自己的问题是什么了。于是，他从公司管理层中挑选出了两个人，给他们足够的权力，不设置什么条条框框去约束他们，而是对他们充分信任，让他们放手去做，不要有什么顾虑。这样过了一段时间，取得了很好的效果，老板觉得有精力去做更重要的事情，员工也工作得更有劲，公司得到了良好的发展。

守业有道

孙权知人善任，对下属都很信任。他一般不亲自出征，尤其是大战争，而是安排合适的人带领军队出征，并且放权给他们，这可以充分发挥他们的才能和潜力。

亲为吕蒙求良医——对下属要常施恩惠

吕蒙是孙权手下一员大将，英勇善战，但是身体一直不好，一直受疾病的折磨。以他这样的身体条件看，算得上是个名副其实的病秧子了。他在战场上叱咤风云，但是无奈的是，他可以完胜敌军，却无法战胜身体的顽疾。

吕蒙常常生病，当别的将领在平日里把酒言欢的时候，他往往正在寻医问药，这对于一个战场上的猛将来说，不得不说是一个很大的遗憾。孙权很器重吕蒙，对他的疾病很关心，常常亲自过问，也会让自己的医生为吕蒙看病，希望能解除他的顽疾，然而结果都不尽如人意，他的疾病一直都没有根除。孙权还会留意哪里有民间高人，然后派人去请，来为吕蒙看病诊治。

有一次，吕蒙旧病复发，十分痛苦，好多医生看了都无济于事。得知吕蒙的情况后，孙权亲自去看望他。看到他十分痛苦的样子，孙权心里也不好受。

于是，孙权就把吕蒙接到自己的宫殿里住着，安排专人照顾他的饮食起居，这让吕蒙受宠若惊，很感动。不但如此，孙权还悬赏高额奖金，为吕蒙寻求民间神医，为他治病。

功夫不负苦心人，最后孙权终于找到了几个医生。在医生的协力治疗下，吕蒙的情况有了很大的好转，这让孙权很高兴，专门赏赐了这些医生，并嘱托医生尽全力为吕蒙治病，不惜一切代价，需要什么药材就说出来，他派人解决。

每次医生为吕蒙治疗的时候，孙权看到吕蒙痛苦的样子，想到平日里的一员沙场猛将，此时却打不起精神，他都会心疼。有时候，他想去看看吕蒙有没有好转，又怕吕蒙见到自己时要行大礼，这样对他身体不好，于是，他在墙壁上挖了个洞，平时就通过这个洞查看吕蒙的情况。看见吕蒙吃不下东西，孙权也坐卧不安；看到吕蒙能吃下东西了，孙权就很高兴。

吕蒙是孙权手下的一员猛将，然而造化弄人，给了他一颗勇敢的心，一身本领，却没有给他一个健康的身体，使他时常受到疾病的折磨。孙权作为领导者，亲自为吕蒙求医，这就是对吕蒙很好的安慰，让吕蒙很感激。不仅如此，孙权还时常关注吕蒙病情的进展，为他的疾病牵肠挂肚，他疾病的好坏也影响着孙权的心情。由此可见，孙权对吕蒙是多么重视。

其实，不仅仅是对吕蒙，孙权对下属都很关心，只是对吕蒙的疾病特别关心罢了。孙权时常对下属施以恩惠，下属都很感激。跟着这样的领导，下属都觉得很值得，会更加努力地工作，争取为东吴的发展多尽一份力。

对下属常施恩惠，表达自己对他们的关心。一个关心下属的领导，更显得平易近人，这样更容易与下属沟通，获得他们的支持。孙权时常对下属表达关心和关注，告诉他们，他们付出的自己都看在眼里。这样可以更好地激发下属的积极性和主动性，为东吴的发展作出更大的贡献。

增强团队凝聚力，赢得人心。一个时常关心下属的领导，能更好地得到下属的忠心，同时可以很好地增强团队的凝聚力和向心力，心往一处想，劲往一处使，共同努力，实现目标。

一个好的老板，要懂得时常关心下属，了解他们的情况，对他们要时常施以恩惠，使他们感受到关注和尊重。这样，他们才会更关心公司的发展，为公司的发展尽全力。如果老板没有人情味，不懂得尊重下属，就会影响到下属的工作情绪，工作效率可想而知。这样的老板不会让下属心悦诚服，这样的公司也不会有凝聚力和向心力，一旦遇到困难，就不会有人为公司着想。

有一个老板，很关注下属的感受，经常了解下属的情况，并且为他们解决一些问题。当下属遇到困难的时候，老板都会想办法帮助解决，这让下属很感激，觉得跟着这样的老板值得。他们感受到了家的温暖，把公司当做自己的家，真心地为公司的发展着想，千方百计地促进公司发展。

当下属家里有困难的时候，老板会给予力所能及的帮助；当下属生病的时候，老板会及时地问候，表达自己对下属的关心。老板对下属的恩惠让下属觉得很贴心，他们能做的就是把自己的工作做到更好，让公司有更好的发展，以此来回报老板。

老板为了提高下属的工作积极性，还制定了很多奖励措施。表现好的下属，不但可以得到物质奖励，还有机会获得每月评选一次的优秀员工表彰，老板会向全公司公告，给下属以精神上的鼓励。这位老板通过各种措施，很好地提高了员工的工作积极性，增强了公司的团结和凝聚力。

守业有道

孙权是一个很懂得关心下属的领导者，当看到吕蒙被疾病折磨时，他很心疼，亲自为吕蒙求医问药，对吕蒙很关心，这让吕蒙很感动。其实，不光是对吕蒙，对其他下属，他也很关注，经常给下属施以恩惠，体现他对下属的关心。下属都很感动，更加卖力地为他打天下。

用土堵张昭门口——知错即改拢人心

张昭在孙策临死时是托孤大臣，孙策临死的时候，将江东交给了孙权，并嘱托孙权：内事不决问张昭，外事不决问周瑜。张昭年轻的时候就非常好学，博览群书，才学过人。东汉末年，张昭为避战乱，到了扬州。孙策举事时，张昭出任长史、抚军中郎将。孙策非常器重张昭，内政方面的事情均由张昭办理。

孙策死后，张昭尽心尽力辅佐孙权，与周瑜一起，坚定地支持孙权，迅速稳定了民心士气。张昭敢于直言谏议，只要他觉得对国家有利，有时候不惜顶撞孙权，这让孙权很下不来台，他并没有考虑太多维护领导形象和面子的问题。虽然孙权不太高兴，但是知道他尽心为国，也就不会追究。

有一次，孙权在武昌临钓台饮酒，大臣们大多数都醉了，孙权让人往群臣身上泼水，并说不醉不归。张昭看到这种情况，什么话也没有说，到了外面，坐到自己的车中，闷闷不乐。孙权派人把他喊回来，赔笑道："我就是想找一点快乐，放松一下，你何必这么生气呢？"张昭说："纣王当时整日以酒为乐，也不觉得真有什么不好的，但是最后亡国了。"孙权听了，觉得非常惭愧，向张昭保证不再这样了。

后来，辽东公孙渊想脱离曹魏，但是又怕曹魏讨伐，就想寻找一个靠山，便私下与东吴联络，想得到东吴的援助。孙权打算派使者去结交公孙渊，并命人带领一万士兵前往，但张昭认为，公孙渊反复无常，是怕曹魏讨伐他才与东吴交好，派两个使者去就行。但孙权没有听取张昭的意见，派了使臣，并且命人带领一万兵马出使辽东。

张昭见孙权听不进自己的话，便以生病为理由，不上朝。孙权知道张昭是在赌气，他也很生气，于是下令将张昭的府门用土堵上，以此给张昭压力，希望他以后能够收敛一些脾气，多顾忌一些自己的面子。

张昭也是倔脾气，看到孙权用土从外面堵住了他的门，于是从门里面也用土堵上。不久，公孙渊果然杀了东吴的使臣，臣服于曹魏。孙权这才认识到张昭是对的，忙派人去向张昭道歉，又亲自到张昭的府门外等候，但张昭死活不见。孙权想，烧了他的门他怕着火就会出来，没想到张昭不但没出来，连窗户都关上了，宁愿烧死在里面。孙权着急了，赶忙派人灭火，强行入内将张昭"请"了出来，并做了诚恳的自我批评。

张昭对东吴的贡献很大，资历很老，有时候他会直言劝诫，这让孙权很没面子。于是，孙权为了给张昭一点压力，就用土堵上了他的门。最后，孙权向张昭示好，恩威并施，使得张昭无法拒绝，也意识到自己的不足。孙权的做法是很值得肯定的。

用比较缓和的方式，给功臣一点压力。孙权用土堵住张昭的门，是想给张昭一些压力，让他改变一下自己做事情的方法，不要太直接，那样会让孙权很没有面子。这样的方式比较缓和，不会造成太大的伤害，既达到了目的，又不会有什么严重的后果。

恩威并施，得到人心。孙权用土堵住门以后，张昭也堵住门不出来。孙权放火烧门，张昭还是不出来。最后孙权"请"出张昭，向张昭示好，张昭气才消了。孙权通过此举，不但给予张昭一定的压力，使他明白做事情要掌握好分寸，也获得了人心。

一个发展得很好的公司，必定有一群为公司发展作出很大贡献的下属，而这些下属老板可能会在平时的工作上给予他们更多的关注和机会。这样可以使他们受到鼓励，增强工作动力，也可能会使他们骄傲、自大。因此，一个老板要学会有策略地对待功臣，必要的时候要给他们一点压力，这样更有利于公司的发展。

李建经营一家化肥公司，业务遍及中国的大部分省份，并且仍然在不断发展，势头很好。这一切，得益于李建的努力，也和他手下一大帮很有能力的下属有关系，尤其是王宝。王宝是一个很有销售能力的人，公司很多重要的市场都是他发展起来的，李建对他很重视，与他称兄道

弟，公司里的员工都知道老板对王宝很重视。

可能是觉得自己为公司作出了很大的贡献，慢慢的，王宝说话开始改变了，对公司的同事有点不屑一顾。有些时候，公司管理层开会的时候，他有什么想法会直接说出来，甚至李建的提议也会反对，这让李建下不来台。李建发现了王宝的变化，觉得应该帮助他改正一下，因为如果这么发展下去，不管是对他自己，还是对公司发展，都是很不好的。

原本，王宝是负责公司市场业务的，李建找了一个借口，把他调回来负责公司的日常事务，这让他很郁闷，于是称病请假，表达自己的不满。李建并没有当时就找他，而是过了一段时间，把王宝叫到外面，两个人进行了一次长谈，不只是老板对下属的谈话，更像是朋友之间的谈话。

经过这次谈话，王宝意识到了自己的不足，并且很快改正了自己的缺点，重新负责公司的市场业务。李建的做法既给了王宝压力，使他意识到了问题，又不至于闹得很僵，效果自然不错。

守业有道

张昭说话很直，有时候会让孙权下不来台，孙权于是想办法给张昭一点压力，用土把他家的门堵上了。通过这样的方式，给张昭一些压力，既达到了目的，又无伤大雅，很好地解决了问题。

劝吕蒙蒋钦读书——倡导建立学习型团队

吕蒙是吴国名将，他跟随孙权攻城略地，参加了很多战役，立下了不少功劳，他还随周瑜大败曹操于赤壁，后来又以计智取荆州，擒杀关羽，战功显赫，是三国一员大将。孙权非常器重他。

吕蒙虽然有武艺、有胆略，但是他不好读书，属于有勇而少谋的人，需要写东西的时候，都是自己说着，让随从记录下来，才成公文。孙权觉得吕蒙应该多读书学习，这样才能开阔心智，增长见识，也更有利于他的发展。

有一次，孙权单独找吕蒙谈话，主要话题就是劝他学习。他对吕蒙说道："你现在身居要职，掌握重权，应该进一步去学习，这样才能更好地带兵打仗，只凭借勇气和胆略是不够的，要想有更好的发展，做一个常胜将军，就要多学习，充实自己，提高自身的能力，开阔自己的眼界。这样，在面对问题的时候，才能更有主见，更好地解决问题。"

谈到学习，吕蒙觉得很头疼，于是以军营中事务繁多为理由加以推辞，说自己没有时间学习。他希望孙权听到自己这么说以后，就不再劝他学习了，谁知道孙权并没有停止劝学。孙权继续说："我不是要你钻研经史典籍，成为学问渊博的学者，只是要你广泛地学习知识，增长自己的见闻，不必精通。你说要处理许多事务，难道你处理的事务比我处理的事务还多吗？我都常常刻意抽出时间来读书，感到获得了很大的感悟，你就更应该学习了。"

吕蒙见孙权那么忙还关心自己的学习，专门找机会劝自己学习，很感动。于是，他发愤苦学，取得了很大的进步。孙权看到吕蒙的进步很高兴，他的劝学终于起到了作用。

后来，鲁肃路过寻阳，刚好吕蒙在那里驻守，就找到了吕蒙，与吕蒙叙叙旧。鲁肃觉得吕蒙比以前有了改变，谈话的语气和思维都很清晰，不像以前那样了。于是，鲁肃要吕蒙说说他对天下大势的看法，听到吕蒙的见解后鲁肃非常惊讶，对吕蒙说："你如今的才干和谋略，已不再是过去的吕蒙了，真让我对你刮目相看呀。"

吕蒙见到鲁肃这么夸奖自己，也很高兴。他对鲁肃说："对于有志气的人，分别几天，就应当重新看待他的才能，我也是每天都在进步的呀。"鲁肃于是拜见吕蒙的母亲，与吕蒙结为好友，然后告别而去。

孙权不仅劝说吕蒙学习，对于和吕蒙情况差不多的蒋钦，孙权也采用同样的方法劝他学习。和吕蒙一样，蒋钦也很感动，发奋学习，增长了不少知识，让身边的人都对他刮目相看了。

孙权通过劝说吕蒙和蒋钦读书，向下属传达出一种信息，那就是大家都要不断学习，让自己不断完善，更好地发挥自己的潜力，为国家的发展作出更大的贡献。

劝下属读书，让下属感受到尊重和重视。孙权专门找到吕蒙和蒋钦，劝说他们读书，这让他们很感动。一个领导者这么重视下属的学习问题，他们还有什么理由不发奋学习呢？通过学习，他们增长了知识，对他们自身发展也很有好处。

劝吕蒙和蒋钦读书，其实是劝所有人都要学习。孙权通过劝吕蒙和蒋钦读书，其实是要大家明白，每个人都要学习，只有不断学习，才能不断进步。**只有每个人都不断学习，不断进步，国家才能不断发展壮大。**

现在的社会，一个人不懂得学习，就会被淘汰，商场竞争更是如此。因此，现在很多老板都鼓励员工加强学习，不断充实自己，同时采取各种措施，为员工提供学习的机会，以此增强整个团队的整体素质，更加自如地面对市场竞争。

小王开了一家体育用品公司，主营各种体育运用器械。他是一个兴趣广泛的人，尤其喜欢读书，爱好学习，看见什么自己感兴趣的东西，都想了解和学习。他的这种爱好也感染了公司的员工，大家逐渐在他的影响下开始学习了。

后来，小王出差，到外地考察新市场，在与客户见面的时候，有一件事情让他感触很深。客户是一家大型健身中心的老板，经营得很好，而小王去见他的时候，看见他正在看一本书。小王被他的学习精神打动，就和他聊起了学习，这次聊天让小王有了一个全新的想法。这个老板不但自己爱好学习，还为员工们提供学习的机会和条件，并且鼓励员工们多读书、多学习，他觉得这样可以增加员工自身的素质，对工作也是有帮助的。

小王回到公司以后，专门在公司建立了一个阅览室，挑选了各种书籍，员工们随时都可以去阅读。同时，每周还为大家提供两个小时的学习交流心得体会，让大家交流彼此的学习感悟，相互学习各自的学习方法，在交流中共同进步。

也许不能很快地见到成效，但是小王坚信这样做是有好处的。他一直想要的就是一个学习型团队，能够在不断克服困难的过程中不断学习，使自己进步的同时，也促进整个团队的发展。在小王的鼓励下，公司员工都热爱学习了，这不但没有影响工作，还增强了大家的工作热情。

守业有道

孙权看到吕蒙和蒋钦没有什么文化，就建议他们多学习，他觉得这样对他们有好处，可以使他们增长见识，更好地应对战争中的变化，在快速变化的战场形势中作出更好的选择。孙权作为一个领导者，倡导学习型的团队，亲自劝下属学习，表明了他对下属的关爱。吕蒙和蒋钦在学习中长进很多，让人刮目相看。

醉酒中可不听命——员工都爱追随心胸宽广的老板

孙权接替孙策执掌江东之后，曾经大摆酒宴，招待群臣，答谢群臣对他的支持和拥戴，同时也希望借助这个机会，拉近与群臣之间的关系，使他们能够在以后更好地支持自己，尽心尽力地辅佐自己，稳固江东基业，并且使江东势力不断发展壮大。

这一天，孙权心情很好，大臣们也都喝得很高兴，酒宴过程中孙权与大臣们交谈甚欢，很好地了解了他们的想法。

到酒宴将要结束的时候，孙权为了表达对大臣们的感谢，亲自起身，向每一个人行酒。大臣们都有点受宠若惊，这就一下子拉近了他和大臣们的心理距离，大家都觉得孙权是一个心胸宽阔、懂得尊重下属的好领导。孙权走到每个人面前的时候，大家都毕恭毕敬地起身，轻轻地接过孙权递上来的美酒，一饮而尽，并表达对孙权的谢意。

然而，当孙权走到虞翻面前的时候，虞翻假装喝醉了，趴在地上，一动不动。孙权看到这种情况，以为他真的喝醉了，就走回到自己的座位上。等到孙权回到座位上刚坐下，虞翻立马从地上爬起来，坐到了座位上。孙权看到虞翻装醉，觉得这是对自己的不尊敬，使自己下不来台，于是大怒，拔出剑来冲到他面前，要杀他。

当时，在座的大臣都吓得不敢上前劝阻，只有大司农刘基跑上前抱住孙权，不让他杀虞翻，并劝说孙权："大王酒后杀掉大臣会惹人议论，这对大王的名声不好，也会让大臣们寒心的。虞翻现在已经喝醉了，喝醉的人做什么也许他自己都不知道，大王何必和一个醉酒的人生气呢？现在正是用人之际，大王广招人才，容纳贤士，天下有才之人才能望风而至。如果因为今天杀了虞翻而毁了好名声，天下人还有谁敢来投靠大王呢？这样做太不值得了，这对国家的发展不利，希望大王三思而后行呀。"

孙权听了刘基一番话，觉得很有道理，怒气慢慢地消退了，就不再和虞翻计较了。其实，他原本没有杀虞翻的想法，只是看到虞翻装醉，当着大臣们的面对自己这么不尊重，下不了台，既然有人为他求情，孙权就原谅了虞翻。这样还能显示出他的宽容大度，虞翻因此而免于死罪。

酒席结束以后，孙权反思了自己在酒宴上的做法，觉得酒后太冲动，不妥，以后要注意避免这样的事情。他也认为，人在醉酒的状态下甚至不知道自己说了什么，做了什么，他是领导者，酒后失言的话，后果不堪设想。于是，他对手下的人说："从今以后，我酒后说要杀人，你们都不要去杀，我酒后下什么重要的命令，你们也不要去执行。"

宽容虞翻，体现出孙权心胸宽广。虞翻当众不尊重孙权，这让他很没面子，下不来台。孙权很生气，扬言要杀虞翻，但是后来原谅了他。这体现出了孙权的宽容大度。能在一个宽容大度的人手下做事，是每个人都希望的。

醉酒中可不听命，体现出孙权的理性。在酒宴上，孙权差点因为一时生气而杀了虞翻，酒宴结束后，他很后悔自己的做法。孙权知道自己作为领导者，酒后失言的后果很严重，于是才有了这样的命令。

有个老板，白手起家，所以他理解生活的艰辛，对下属就很宽容和大度。有一次，公司对外招聘，来应聘的有一个名牌大学的毕业生，各方面都很优秀，老板也很喜欢他，决定高薪聘用他。而这时候，公司的副总提醒他，最好慎重考虑一下，他这么优秀，也许不会长时间留在公司，只是把公司当做一个跳板，那样的话，对他进行职业培训和职业规划的投资就太不值得了。

老板何尝不知道这个道理，但是他觉得只要他愿意来到公司，签约成为公司的正式员工，公司就有责任和义务对他进行培训，发掘他的潜力和优点，为他的职业发展创造条件。于是，老板果断地聘用了这个优秀的大学生，并给为他进行了很好的职业规划。

老板的眼光果然不错，他来到公司以后，表现得很优秀，老板很高兴自己没有看走眼。但是，公司的副总看到他表现这么好，更加担心他会跳槽。于是，有一天副总找他谈话，把他和老板在聘用他时的分歧告诉了他。

年轻人听后很感动，他找到老板，表达了自己希望长期留在公司发展的愿望。而老板也表示，聘用他的时候就没有担心他跳槽，因为老板很自信，公司会给员工充分的成长空间和机会，所以不怕员工流失。即便员工因为各种原因离开了，只要他想继续回来工作，符合公司的需要，公司仍然欢迎。

年轻人被老板的魅力和宽广心胸所打动，坚定了自己留下来的想法。而老板也用自己的真诚，为员工着想，打动了员工。这样的老板，不管哪个员工都会被打动，怎么可能离开呢？

守业有道

孙权喜欢宴请大臣。有一次，在宴会上喝醉酒了，给群臣赐酒的时候，下属装醉让他大怒，下不来台的孙权一怒之下，想要杀了他，幸亏大臣阻拦，才平息了孙权的怒火。后来，孙权反思自己，觉得醉酒会误事，尤其是自己是一个领导者，于是下了命令，以后醉酒可不听命。孙权的心胸如此宽广，让大臣们很佩服。

巧用陆逊烧连营——打破
以资历评定人才的惯例

　　关羽镇守荆州，比较自大，由于骄傲轻敌，中了吕蒙的计，把荆州大部分兵力都调走了，失去荆州，败走麦城，后来被擒杀。消息传到成都，刘备悲痛欲绝，立誓为关羽报仇，准备大军伐吴。

　　孙权听到这个消息，抓紧派人与刘备讲和，愿意把荆州还给刘备，并提出了很多条件，只要刘备不伐吴，都可以商量。而刘备为报关羽之仇，不顾丞相诸葛亮等人的劝阻，更不顾国家发展的战略，倾全国之兵力，亲自伐吴。

　　刚开始的时候，蜀军势如破竹，直达夷陵等地区，东吴朝野震惊，必须赶紧派一名得力干将，率兵迎战。大家的意见不统一，有的举荐这个，有的举荐那个，争论得很激烈。谋士阚泽主张大胆起用年轻的陆逊为东吴大都督，率军赶往前线迎战。而当他提出这个想法后，受到了其他人的一致反对，他们认为陆逊资历太浅，经验不足，这么重要的战争，用一个年轻将领，风险很大。最后，孙权经过慎重考虑，力排众议，决定派陆逊领兵迎战刘备。

陆逊领命出征。他到任后，深入分析了两军的具体情况，蜀军兵力强盛，来势汹汹，又刚取得胜利，匆忙应战对自己不利。于是，他决定采取暂避蜀军锐气、等待战机的策略，不与刘备交战。这样，两军形成对峙，从春到夏，蜀军渐渐懈怠。夏天到了，蜀军士兵又热又渴只得扎营于山林茂密之处，纵横700余里，分作40余屯。

陆逊得知蜀军依山傍林而扎营，心中大喜，觉得可以乘虚袭击。于是派人袭击蜀军营寨，只许败退，不许成功。结果和陆逊想的一样，派去的人败退而来。这让刘备心里很高兴，更加不把陆逊放在眼里，这正是陆逊想要的，刘备对他越轻视，他就越有取胜的机会。

后来，夜间起了大风，下属担心吴军晚上偷袭，而刘备则不以为然，觉得吴军刚刚败退，不可能再有什么新动作。半夜，吴军点燃林中树木，火势借着风势，燃烧起来，蜀军顿时大乱。为逃火灾自相践踏，死尸重叠，塞江而下。刘备大败，赵子龙半路接应，才将刘备护送到白帝城。

此时，下属都建议陆逊乘胜追击，而陆逊却带领全军返回。下属问他什么道理，他说："我们要防止曹魏乘虚攻击我们后方。"果然，曹丕派出三路兵马攻吴，但都被陆逊挫败了。

孙权力排众议，在重大战争中起用年轻将领陆逊，既是对年轻将领的信任，也使刘备产生了轻敌的思想。陆逊表现得很好，根据战争形势作出了准确的判断，最后趁刘备扎营在密林里，采取火攻，使得刘备大败。这是对孙权信任的最大回报。

不以资历评定人才。面对刘备的进攻，孙权并没有派出有经验的老将，而是让年轻将领陆逊迎敌。孙权派的不是资历最老的将领，而是他认为最合适的将领，这是对年轻将领的信任，也向其他人传达出了一个信息，那就是只要有才能，就有机会。

使刘备骄傲轻敌。刘备看到孙权派陆逊迎战，原本就有点骄傲的他，更加不把陆逊放在眼里。正是因为刘备的轻敌，蜀军才在这场战争中大败。

对于一个企业来说，得到人才只是一个基本的前提，如何量才使用，把人才放在最适合发挥自己潜力和优势的工作岗位上才是最重要的。如果得到了很好的人才，却不知道怎么使用，不能使他们发挥自己的优势，相当于没有人才，这是一件很遗憾的事情。一个聪明的老板，总能找到适合人才的位置，而且不以资历为标准，只要他能胜任工作，做出成绩就行。

有一家电子产品生产企业，最近为了增强公司的研发能力，高薪聘请了一位这方面的博士生，老板希望他的到来能够使公司的研发上一个台阶，对他寄予了很大的期望。刚来的时候，老板就安排他进入了研发团队，跟着老资历的技术人员，先熟悉公司的产品，同时也对自己的工作有所了解。

几个月之后，年轻人就表现出了他在研发方面的优势，凭借自己的学识，加上在公司一段时间以来已经熟悉了工作，他很快就为公司作出了贡献，体现出了自己的价值。后来，老板为了更好地发挥研发团队的作用，整合了研发团队，使其成为一个独立的部门。这时候，就需要确定一个研发团队的核心，老板提议让年轻人担任，但是公司里的很多领导都反对，觉得他太年轻，只有少数人觉得可行。

最后，老板力排众议，给了他很大的支持，让他担任研发团队的核心。他很感激老板，更加努力地工作，经常自动加班，有时候为了一个技术难题通宵不睡。他的努力得到了老板的肯定，同时也得到了回报，公司的研发团队在他的带领下，取得了很大的进步，为公司的发展作出了很大贡献。

守业有道

面对刘备的进攻，孙权任用年轻将领陆逊，给予了陆逊极大的信任。而陆逊也没有辜负孙权的信任，大败刘备，取得了夷陵之战的大胜。孙权不以资历评定人才的做法，得到了很好的回报。

化解甘凌之积怨——善于化解
下属之间的纠纷

　　甘宁和凌统都是孙权手下有名的大将，能征善战，为孙权立下了很多战功，为东吴的发展贡献不少力量。在"各为其主"的时候，甘宁曾一箭射杀了凌操，成为凌统的杀父仇人，凌统一直希望有机会为父报仇。甘宁投靠孙权的时候，凌统就很不高兴，孙权看得出来，于是就想办法尽量避免两人接触，同时找机会让他们化干戈为玉帛，齐心协力，为东吴的发展作出自己的贡献。

　　甘宁投奔东吴后，凌统终于能和甘宁近距离接触了，他一再寻找报仇的机会。甘宁也知道凌统的想法，于是就处处提防着凌统。在剿灭黄祖的庆功宴会上，凌统报仇心切，当着孙权的面，当众向甘宁发难，众人看到情况不对，及时把他们两个人拉开，避免了一场争斗。孙权看到二人水火不容，就命令甘宁镇守夏口，避开凌统。

孙权心里很明白，他们的恩怨是不好化解的，暂时让他们分开，尽量减少见面的机会，才能使凌统的情绪有所缓和，以后才有机会使凌统对甘宁的怨恨逐步消除。孙权将他们分开，也是为了等待时机，再作进一步的调停。

　　在孙权看来，甘宁和凌统都是不可多得的将才，不能厚此薄彼，否则更不利于化解他们的恩怨。甘宁斩杀黄祖有功，孙权很快就提升甘宁为都尉。甘宁也没有辜负孙权的厚望，表现得很好，对得起自己的职位。孙权没有因此就偏袒甘宁，而冷落凌统。所以，在嘉奖甘宁的同时，孙权也加封凌统为承烈都尉，这是对凌统战功的充分肯定，使凌统心里觉得平衡，不至于觉得孙权将他和甘宁区别对待。

　　孙权很理解凌统的感受，但是现在二人同在东吴效力，如果不和的话，对东吴的发展是没有好处的。孙权专门找到凌统，希望他能够理解，以前双方各为其主，是迫不得已之举。现在都是一家人了，就应该放下恩怨。孙权的做法，让甘宁和凌统都感受到了爱护和尊重，这为化解他们的恩怨做了很好的铺垫。

　　合肥之战中，凌统出战，遭到暗算，情况危急。这时候，甘宁抛开个人恩怨，一箭射杀敌将，救了凌统一命。当凌统回寨向孙权道谢时，问到是谁救了他，孙权马上不失时机地说：“放箭救你的人，正是甘宁。”面对甘宁的救命之恩，凌统深受感动，跪拜感谢甘宁的救命之恩，同时二人以兄弟相称，化解了恩怨，同心协力辅佐孙权。

面对甘宁和凌统的恩怨，孙权用尽一切办法调解，最后终于使得两个人冰释前嫌，重归于好。这对于东吴的发展是有好处的。

使得两个人可以全身心地为东吴效力。 凌统心中有仇恨，而甘宁也得提防着凌统。这样，两个人都不能全身心地投入到东吴的发展上，这对东吴发展不利。孙权化解了他们的恩怨，他们心存感激，更加努力地为孙权打天下。

增强了东吴的团结。 凌统和甘宁，都是东吴的大将，他们之间不和，不但影响到两人的关系，也对东吴的团结不利。孙权耐心地化解了他们的恩怨，使得他们可以齐心协力地为东吴的发展作贡献，增强了东吴的团结。

一个企业，最重要的就是团结，只有团结一心，才能够有好的发展。如果企业中下属之间关系不好，会影响到公司内部的氛围，对公司的发展不利。所以，如果公司内部出现了不团结的情况，作为老板，要善于化解矛盾。只有这样，公司才能发展得更好。

某公司老板，最近新提拔了两个部门经理，他们都是公司的老员工了，刚来公司的时候就在一个部门。然而，这两个人平时因为一些小事情，小矛盾不断，彼此谁也不服谁，关系有点僵。现在两个人都是部门经理了，如果继续对抗下去，对公司发展是没有什么好处的。

　　老板明白这个道理，于是想办法化解他们之间的矛盾，希望他们能够齐心协力，相互合作，把工作做好。老板每次找他们聊天的时候，都会问问他们之间的关系如何，合作得怎么样。刚开始的时候，他们还不以为然，觉得老板只是随口问问，后来，老板几次很关切地问他们，他们终于意识到老板对他们的关注，他们两个人都很感动。但是，因为以前有很多小矛盾，谁也不肯先主动和好。

　　后来，借着公司开年终庆功会的机会，老板又提起了这件事，希望他们能够为员工们作出表率，团结合作，更好地促进公司的发展。他们看到老板这么用心，也很感动，两个人在酒桌上冰释前嫌。后来，他们精诚合作，为公司作出了很大的贡献。

守业有道

　　凌统因为父亲被甘宁所杀而心怀仇恨，甘宁投靠孙权以后，凌统要找机会报仇。孙权看到这个问题后，很用心地化解他们之间的恩怨，经过坚持不懈的调停，终于使二人化干戈为玉帛，同心同德，誓死为他效力。

孙权式家族管理——亲缘式兄弟好办事

孙权执掌东吴后，如何领导下属更好地促进东吴发展就成了他必须要解决的问题。作为一个领导者，他对下属表现出了更多的关怀和尊重，这使下属很感激，更加努力地为孙权效命。

为了感谢周泰的救命之恩，孙权专门设宴，他让周泰脱下衣服，看到周泰身上多处受伤，孙权用手指着伤痕，让周泰说出是如何受伤的。并且每数一处伤，就赐给周泰一杯酒，以表达感谢之情。周泰喝了几杯，就推脱说要醉了，其实他是被感动了，孙权如此对待自己，让他有点受宠若惊。看着一处处的伤痕，孙权热泪盈眶，拉着周泰的手说："你舍命救我，我怎么能不把你当兄弟呢？又怎么能不给你委以重任呢？放心干吧，不要有什么顾忌 。"在场的大将，看到孙权对待下属如兄弟，也都很感动。

凌统死后，孙权把他的孩子接到了自己的住处，像对待自己孩子一样疼爱凌统的孩子，对他们十分关心和爱护。别人问起孙权，孙权就告诉别人这是他的孩子。由此可见，孙权对待下属就像兄弟，有着兄弟般的情谊。凌统的孩子他都视如己出，大臣们听说了这件事，很佩服孙权，更加努力，因为他们知道，自己做的事情，孙权都会看在眼里，记在心里，不会亏待自己。

在上面这些故事中，孙权像对待亲人一样对待下属，下属因此很感激，对他言听计从，为他努力打拼。他的家族式管理收到了很好的效果，得到了下属的爱戴和尊敬，使得东吴内部更加团结一心，增强了凝聚力和战斗力。

得到了人心。孙权对待下属像对待兄弟一样，使得下属们都很感恩，他也因此得到了人心。**一个得人心的领导者，才能更好地领导下属为整个团队的发展努力。**

增强了团队的团结和凝聚力。孙权如此对待下属，下属都知恩图报，齐心协力，为共同实现目标而努力。这就增强了整个团队的凝聚力，大家劲往一处使，能更好地实现目标。

一个成功的老板，会很好地对待下属。在他的眼里，下属不仅仅是为他打工的人，更像是他的兄弟姐妹。通过亲缘式的管理，可以拉近与下属之间的距离，使下属感受到关爱和尊重，这样就可以获得他们的真心，他们才能更有动力和责任心，更加积极努力地工作。

某老板经营一家小公司。公司规模不大，员工不多，因此老板对每个员工都很熟悉。老板原本就是一个很爽快的人，对待员工就像自己的兄弟姐妹，经常关注员工的生活，有什么困难，他都会给予力所能及的帮助。

有一次，公司一个员工被检查出患了癌症，由于发现及时，只是初期，还比较好控制，但是治疗需要巨额的医药费。对于一个工薪家庭来说，巨额的治疗费是一个天文数字，就算砸锅卖铁也不一定能凑齐这笔钱，家里人都很着急。

老板听说这件事情后，并没有坐视不理。他二话没说，自己赶到医院去看望员工，并且希望他好好配合治疗，大家都希望他早日康复，尽快回到公司的大家庭里，并向他保证，医药费由他出，希望他安心治疗。看到老板这么对待自己，他感动得热泪盈眶，家人也都十分感谢。

当这个员工身体康复重新回到公司以后，老板为他举行了一个隆重的欢迎会，大家聚在一起，为他庆祝。看到老板这么对待自己的员工，每个人都觉得，为这样的老板工作很值得，没有什么后顾之忧。

守业有道

孙权是一个很随和的人，对待下属很热情，从来不摆什么架子，他就像对待兄弟一样关心下属。他对张昭尊敬有加，称周瑜为兄，为鲁肃牵马，为刘基撑伞，为周泰疗伤，为吕蒙求医，为凌统养子，让朱桓抚须，这些不仅表现出他的亲和力和对下属的关怀，而且表现出他重情重义的性格。正是这样的管理方式，让他得到了下属的拥戴和爱护。

卓越的个人管理

窥曹营草船借箭——领导善于学习
企业才能做大做强

建安十八年（公元213年）春，曹操率大军大举进攻濡须口，与孙权的水军展开激战，僵持了一个多月，仍然没有结果，形成了对峙之势。双方都在等待机会，希望能够抓住机会，一击获胜，因此都不轻易出击，怕给对方以可乘之机。

战争刚开始的时候，是曹操主动进攻的，他命令水军乘坐很快的小船，想乘着黑夜东吴水军戒备松懈的时候进攻东吴的水寨，结果孙权早有准备，将曹操的兵士围在水中央。看到这种情况，曹操的兵士都惊恐万状，纷纷逃跑，落入水中溺死者无数，还有三千人被俘获。本来想趁着东吴准备不足一举拿下东吴水寨的曹操，此时也是有所顾忌，不敢轻易出兵，只得命令军队不可轻举妄动，等待时机。

有了一次开门红，孙权军队的士气大振，孙权也想借着这个机会，一举击败曹操，取得战争胜利。于是，孙权不断派军挑战，但是曹军就是坚守不出，这让孙权很无奈，他想速战速决的计划和愿望泡汤了。

吴军反复挑战没有结果，孙权开始有点急躁了，想亲自率军，挑衅曹操。鲁肃觉得这很危险，多次劝阻孙权，也没有让孙权改变主意。于是，无奈的鲁肃请占卜师观察星象，得知三日后必有大雾，孙权那时候去相对比较安全。鲁肃为了保证孙权的安全，安排了一些轻舟随行，并在船身四周插满草束，防备曹军射箭。

第三天清晨，果然大雾漫江。孙权与鲁肃在舟中饮酒，孙权显得很轻松，而鲁肃却十分紧张，担心会出什么事情。船队接近曹操营寨的时候，突然，船身急剧摇晃，船外箭如雨下，船身因为一侧增加重量而失去平衡，鲁肃命人调转船头，船的另一侧也插满了箭的时候才恢复了平衡。

原来，曹操突见江面上有一支船队迎面而来，认为是孙权派人来攻击，于是就万箭齐发。曹操来到帐外，觉得这是孙权来查看自己军队布防的，于是令弓箭手不得再乱放箭。此时，孙权的船队已离开。

孙权与鲁肃回到营地后，鲁肃觉得曹操慷慨赠箭，应该回信表示感谢。鲁肃建议应从时令上劝曹操退军。曹操收到信一看，信上写道："春季河水也将涨起来了，你的军队不适应南方的时季，还是回撤北方吧。"曹操看到对峙的局势，觉得再这么下去确实对自己不利，不久就撤军了。

孙权窥探曹操营寨，受到曹操弓箭手的攻击，巧合之下，临时应变，成功地草船借箭。可以看得出，孙权是一个很爱学习的人，善于学习的领导才能更好地引领整个团队。

以身作则，为士兵树立榜样。孙权看到久攻不下，双方形成对峙局面，兵士的热情也不高。他为了激发兵士的战斗力和热情，亲自窥探曹营的布局，以身犯险，以身作则。这为士兵树立了榜样，增强了军队士气。

善于学习，可以更好地引领团队。在窥探曹营时，受到了曹营弓箭手的攻击，使得船只重量不均匀，险些翻船。孙权临时应变，调转船头，让船另一侧也受箭，很好地解决了问题，无意中留下了草船借箭的美名。

领导对于一个企业的发展有着至关重要的作用，一个善于学习的领导，才能够带动下属积极学习新东西，适应形势的发展，在不断完善自我的同时，促进公司的不断发展。**领导只有不断学习，才能抓住发展机遇，迎接竞争和挑战，引领着企业不断向前迈进。**

国内某书业公司，在行业内算是发展得很好的了，对于行业的发展有着很大的影响力。不论是规模，还是员工人数，以及公司的发展前景，都是很好的。企业领导并没有因为暂时的发展优势而沾沾自喜，而是居安思危，努力工作，不断学习，充实自己，使自己能够在激烈的竞争环境中寻找到转瞬即逝的机遇，并且抓住机遇，促进公司发展。

领导通过不断学习提高自身素质，而且还鼓励员工也不断学习，这样使得公司的整体素质得到提升。同时，公司还会定期组织一些员工去别的企业参观学习，领导们也经常外出考察，学习和借鉴其他企业的成功经验，希望对自己企业的发展有所帮助。

后来，在一次外出考察中，企业领导发现有企业虽然规模不大，但是零售业务做得很好，有很多值得借鉴和学习的地方，于是耐心细致地观摩学习。回到企业后，他们就开始开会论证这样的销售经验和模式能否适应企业的发展和需要。经过认真的研讨，根据自身企业的现状，经过一定程度的修改以后，营销方案就定了下来。后来，结果证明这样的营销方案是成功的。

案例中的这位企业领导就是一位善于学习的领导，在外出考察的时候，看到别的公司有成功的模式，就耐心学习。回到企业后，立即研讨、论证这样的营销方案是否适合企业发展，并根据企业的现状作了适度的修改和完善，最终效果很好。

守业有道

孙权为了查看军情，冒险窥视曹操军营，无意间草船借箭。孙权是个很爱学习的领导，正是因为这样，他才能带领着东吴不断发展壮大。

灭黄祖占领夏口——企业未上规模时要重视小市场

孙权接替孙策执掌江东以后，在周瑜和张昭的支持下，逐渐稳住了局势，慢慢地获得了上下的一致支持。此时，孙权开始有了自己的想法。黄祖曾经杀死了孙坚，这让孙权一直记恨，希望有机会报仇雪恨。他刚接手的时候，还顾不上这些事情，但是局势稳定以后，他就开始考虑了，不仅仅是家仇，黄祖对东吴始终是个威胁。

后来，鲁肃为孙权献上发展国家的指导策略——《榻上策》。《榻上策》中明确提出了要剿除黄祖，这也是东吴发展的战略需要，对东吴的长江防线很重要。这时候，孙权就更得考虑剿除黄祖的事情了。

于是，孙权开始筹划进攻割据在长江上游的江夏太守黄祖。208年，黄祖部将甘宁不受黄祖赏识，他一气之下投奔孙权。孙权知人善任，爱惜人才，很好地对待他，这让他很感激。甘宁于是向孙权提出划江而治、二分天下的战略目标，得到孙权的赞同。

此时，江东局势比较稳固，兵强马壮，粮草充足。孙权原本就有剿除黄祖报家仇的想法，此前很多次征讨黄祖，虽然战胜了黄祖，但是却没有抓到黄祖本人，鲁肃和甘宁的建议更坚定了孙权出兵的信心。

208年春，孙权集中兵力，最后一次讨伐黄祖。黄祖匆忙备战，派都督陈就率领水军迎击，都尉吕蒙身先士卒，亲手斩陈就首级，这让黄祖更加被动。黄祖先将两艘大船横着排在江面上，封锁汉江口，船上有上千将士，准备用弓箭击退孙权的战船。同时，又用大绳拴上巨石沉到江里，以此来固定大船。这样，两艘大船如同水上的城墙一样横断了长江。

孙权的江东水军并没有畏惧，董袭与凌统率领敢死队，每个人身上都穿着双层甲胄，这样就可以抵挡羽箭的进攻，很快就冲到了黄祖的大船边。董袭用刀砍断了两根拴巨石的大绳，斩断了封锁江面的绳索。面对江东水军的强大攻势，黄祖的军队溃不成军，纷纷败逃。

黄祖见势不好，转身逃跑，但这一次他没有以前那样的好运气，被冯则追上，斩落马下。这一次的胜利，孙权终于剿灭了黄祖，孙氏两代三人的宿怨彻底解决，孙权也将夏口纳入了自己的版图。

孙权几次出兵讨伐黄祖，但都没有抓到黄祖本人。208年，江东兵精粮足，又有鲁肃《榻上策》的建议，加上家恨，孙权重兵出击，一击制胜，占领了夏口，实现了重要的战略胜利。这次胜利，也解除了东吴周边的一个威胁，孙权对于小地方的重视使他收获到了胜利。

重视小市场，可以更好地发展壮大。在江东变得越来越强大的时候，孙权重兵出击，剿除了黄祖，得到了军备物资，充实了军力。同时，重视小市场，使他有了更好的发展。

实现了战略胜利。鲁肃分析了天下局势，为孙权作《榻上策》，其中就有剿除黄祖一项。孙权这一次剿除黄祖，实现了《榻上策》中的战略决策，这对于东吴的继续发展，有着战略影响。

一个企业的发展，需要脚踏实地，同时要注意占领市场，有了市场，企业的发展就有了保障。作为一个小企业，更要重视市场，尤其是局部的小市场，这关系到企业能否生存，对企业的发展有着很重要的影响。

　　李立明自己经营一家小公司，虽然规模不大，但是做得很好，经过多年的努力，公司有了良好的基础，发展前景比较乐观。但是，他并没有因为乐观的前景而沾沾自喜，而是看到了市场竞争的残酷，随时作好迎接各种挑战的准备。

　　李立明深知市场对于一个企业发展的重要性，因此他特别重视市场开发，尤其是对小市场的开发，毕竟小市场的竞争相对来说还不那么激烈。在公司不断发展的时候，他一直强调公司要重视小市场，步子不能迈得太大，要一步步地稳步发展，这样可以降低公司发展过程中的不稳定性风险。小市场策略使得他的公司占领了很多区域市场。有了市场的保证，公司的发展有了很好的前景。

后来，公司不断发展，但是李立明对于小市场依然十分重视，因为他知道不管什么时候，小市场都是稳定的，都是公司发展的基础。掌握了小市场，公司就有了更稳固的后盾，在大市场进行竞争的时候也会有更多的底气和自信。他重视小市场，让他得到了很好的回报，小市场的需求为他提供了公司发展的动力，公司规模越来越大。

上述案例中的李立明是聪明的，他很理性地看到了市场竞争中的一些基本情况。通过自己的判断，他认为小市场很重要，于是非常重视小市场，这让他尝到了甜头。公司在他的带领下，避开竞争激烈的区域，不断发展壮大。

守业有道

孙权灭黄祖占领夏口，不仅仅是为父报仇的需要，更是东吴发展的战略需要。当时孙权的地盘还不是很大，基业还不稳固，急需要吞并周边一些小的地方，这样既可以减少自己的麻烦，也可以扩展地盘，增强实力。孙权正是清楚地看到了这一点，才遵从《榻上策》，集中兵力剿除了黄祖。

降派面前不表态——做决策者当
喜怒不形于色

曹操基本上统一了北方之后，于建安十三年（公元208年）正月回到邺城，立即开始为南征作准备。七月，曹操采用荀彧"显出宛、叶而间行轻进，以掩其不意"的策略，亲率大军南征荆州，向宛城、叶县进发，另外派曹洪等人从东面的小路发动奇袭。

八月，荆州牧刘表病死，其次子刘琮继位。后来，看到曹操兵力太强盛，刘琮惊慌失措，于是接受了蒯越与傅巽等人的劝说，投降曹操。刘备只得南逃。

十月，曹操留曹仁驻守江陵，自己亲率大军东进。当时，曹操来势汹汹，气势很盛，以张昭为代表的一部分谋士主张投降，他们认为曹操托名汉相，是挟天子以征四方，如果抵抗的话，就是对天子的不敬，在道义上就站不住脚。同时，曹操已占领长江，江东已经没有天险可守。此时，曹军水陆俱下，攻势强大，江东没有能力抵抗，即便抵抗也改变不了结果。所以，他们劝孙权向曹操投降。

此时，曹操又送来劝降书，信上说："今治水军八十万众，方与将军会猎于吴。"可见曹操气焰是如何嚣张。张昭等人见到曹操的劝降书，更加坚定地劝说孙权投降曹操。

孙权并没有当即表态，这并不代表他心里没有自己的想法。东吴是孙家世代经营的祖业，凝聚着孙家祖先的心血和汗水，到了孙权手里，他想的就是如何将祖上基业扩大。另外，孙权的性格和做事的原则也决定了他是不会轻易认输和投降的人。如果向曹操投降，就彻底没有了机会；与之一战，还可以有生机。

孙权很善于倾听下属的意见。面对下属主张投降的建议，他并没有立即表态，而是听取了鲁肃和周瑜的意见。鲁肃和周瑜是坚决支持孙权与曹操作战的，并且鲁肃带来了诸葛亮，提出了刘备与孙权联合共同抗击曹操的想法。

孙权原本就倾向于与曹操作战，现在鲁肃和周瑜又坚决主张开战，同时诸葛亮也为他分析了当时的局势，以及曹操军队的弱点，向孙权指出曹操并不是不可战胜的。此时的孙权不用解释什么，周瑜和鲁肃在东吴的地位，以及诸葛亮带来的诚意和信心已经表明了孙权的最后决定。

孙权是一个聪明的决策者和领导者。面对曹操大军压境，他也会紧张，压力很大，但是没有表现出来。面对张昭等人主张向曹操投降的建议，他没有立刻给予答复，表达自己的态度，而是又听取了周瑜和鲁肃等人的建议，加上诸葛亮对局势的分析，最后他决定联合刘备共同抗击曹操。

大事面前保持镇定，有利于稳定军心。孙权作为领导者，面对曹操进攻的压力，表现得很平静，这无形之中就稳定了军心。同时，这样也可以更好地使自己冷静下来，思考对策。如果孙权失去了镇定，整个东吴也就失去了信心。所以说，孙权的镇定就是东吴的信心。

决策者对于一个公司的发展有着很大的影响，对公司员工也有很大的影响。因此，决策者应该喜怒不形于色，这样才能给人以稳重自信的感觉，才可以在面临危险的时候，稳定情绪，安抚员工，做到团结一致，共同应对。

国内某小型饮料生产企业，由于行业竞争激烈，出现了资金链断裂的情况，企业发展面临很大的风险。而恰恰在此时，一家大型企业提出了收购意向，希望能够收购这家小企业。老板在拿到收购意向书后，并没有马上表态，而是想听听企业管理层对此的看法，于是召集管理层召开了一次会议，会议上说出了别的公司的收购意向。

企业管理层知道这件事情以后，态度很不一致，一部分人同意收购，他们觉得这样就有了靠山和保障，企业也会在大型企业的带动下有更好的发展。而另一部分人则坚决不同意收购，他们跟着老板白手起家一起奋斗到现在，看到企业面临危机，他们也很着急，但是他们坚信一定能够走出困境，重新迎来发展良机，他们对企业的未来还是很自信的。

看到管理层争论得这么激烈，老板并没有制止，也没有表明自己的态度。但是从那些反对者的口中就可以看出，老板是不想被收购的，毕竟这是他创业的成果，是他努力的见证，他不想就这么轻易放弃。

后来，老板通过银行贷款，以及一些朋友的帮助，解决了企业的资金问题，缓解了企业的压力。慢慢地，企业走上了良性发展的轨道。原先那些反对收购的老下属看到这种情况都很高兴，毕竟企业是他们看着创立并不断发展的。而那些原先赞成收购的人，并不是对企业没有感情，他们只是觉得收购也是一条道路，看到企业慢慢变好，他们也非常高兴。

这个老板是很理性的，面对困境，他没有表现出慌张等情绪，而是喜怒不形于色，给人以很镇定的感觉，这稳住了企业的人心，不至于使得人人自危。通过努力，他最终使企业摆脱了困境。

守业有道

面对投降曹操与否的争论，孙权在主降派面前不表态，虽然他心中已经有了自己的倾向，他喜怒不形于色，表现出了自己的镇定和主见。后来，孙权与刘备联合，获得了大胜，终于解除了东吴的危机。

决心抗曹剑断案——做决断时要一锤定音

曹操带着大队人马，浩浩荡荡地向孙权进发，中间趁机打败了刘备，这让他信心大增，于是写一封劝降信给孙权，希望孙权能够投降，这样就省去了战争的麻烦。孙权收到曹操的信以后，就集合了东吴的文官武将商量如何应付曹操。

同时，鲁肃从汉阳请了诸葛亮到东吴，诸葛亮是带着刘备的合作诚意来的，希望能够和孙权合作，共同抗击曹操。

孙权问下属对于曹操的信该如何应付。张昭、顾雍等一些谋士都说："曹操兵多将广，现在气势又盛，东吴已经失去了防卫的屏障，打也打不过，不如投降曹操，那样还可以保住江东父老。"孙权听了他们的话，一言不发。

孙权站起来出去，鲁肃在后面跟着，孙权问鲁肃对刚才张昭、顾雍说的话有什么看法，鲁肃说："这些人的话，都是为他们自己谋富贵，是自保的话，万不可听！人人都可说投降，只有主公你不可说投降。"孙权问："此话怎讲？"鲁肃说："别人投降，都可以得到一官半职，就是我去投降，也能够谋得个不错的职位。主公，你要投降，曹操会给安排什么职位呢？"

孙权听到鲁肃说完这句话，紧紧抓住鲁肃的胳臂不放，说："好话呀，好话呀！这真是天以子敬赐我也！"在鲁肃和周瑜等人的力主下，加上诸葛亮的晓之以理，分析利弊，孙权决定与刘备联合，共同抗击曹操。

孙权任命周瑜当大都督，临到出兵时，诸葛亮告诉周瑜说："孙权的心还是动摇的。他怕曹操势力太强大，而我们的兵将太少，战争打不赢。还有就是这些投降派包围着他，你要去向孙权指明这一点，让孙权不可听他们的话。这样才能坚定孙权的决心。"

周瑜觉得诸葛亮这话很重要，就见了孙权。他告诉孙权说："曹操的兵力虽然人数众多，但很多都是各地投降来的，战斗力很弱。况且他们又都是北方人，没坐过船，水土不服，就更没有战斗力了。"周瑜又说："君侯若不坚定，前方无法打仗。后方的文人随便乱说话，前方的将领如何能作战呢？"

周瑜话说到这里，孙权就明白了，马上擂鼓升帐。文官武将全来齐了，孙权拔出宝剑把面前的桌子劈成两半，对众人说："今天讨伐曹贼，势在必胜，必须拼个你死我活，从今天起再有敢说投降曹操的，就同这桌子一样待遇！"说罢，就把那把宝剑递给了周瑜。

孙权决定和刘备联合，抗击曹操，为了打消众人的疑虑，用宝剑将桌子劈成两半，表明了自己的决心，做决断不犹豫，一锤定音。

统一了意志，增强了凝聚力和向心力。孙权通过砍断桌子这件事情来表达自己抗击曹操的决心，打消了主张投降的人的念头，使得所有人团结一心，只考虑如何战胜曹操。这很好地统一了整个团队的意志，增强了团队凝聚力和向心力，增加了战争获胜的砝码。

提高了军队的士气。孙权通过如此霸气的方式向军队传达出战无不胜的信念，感染了东吴将士，提高了军队的士气。

商场如战场，竞争残酷，机会稍纵即逝，谁能抓住机遇，谁就能使自己的企业有好的发展，在竞争中占据主动地位。因此，面对机遇和挑战，需要作出决策的时候，一定要果断，要一锤定音，不能拖泥带水。这样，才更有可能抓住机遇，促进自身的发展。

吴天经营一家建材生产企业，公司规模比较大。近年来，行业竞争激烈，利润连年走低，很多小企业更是难以为继，这给了一些大企业兼并的好机会。面对这种形势，吴天自然也不想错过，他希望能够有机会收购一些合适的小企业，使自己的公司规模进一步扩大，增强竞争力，发展得更壮大。

刚好有一个机会，当地一家建材生产企业因为经营不善，管理混乱，连年亏损，资金链断裂，迫不得已，老板只能出售企业。得到这个消息以后，吴天就有了收购的想法，他很看好这家企业的发展，只要加强管理，借助公司的资金和客户群，是可以有很好发展的。当吴天提出自己想法的时候，公司的一些管理层人员觉得这样做的风险太大，不建议收购。然而，吴天觉得这是一个绝好的机会，不能轻易放弃，公司另外一些管理层人员和吴天的看法一致，他们觉得可以冒险，公司前景比较乐观。

作为公司老板，吴天看到下属们争执不休，各有各的想法，一时也作不出什么最后的决定。由于他已经做了很多的工作，对这个企业进行了很详细的了解，觉得这个企业适合收购，有很好的发展潜力和空间。于是，他当即拍板，决定收购该企业。

吴天加强了管理，利用原来公司的客户群，把新收购的公司业务做得节节攀升。

吴天作为老板，并没有被下属们的争执所影响，他相信自己的判断，于是果断地作出了决定，收购该企业。经证明他的决定是正确的。

守业有道

当孙权决定与刘备联合抗击曹操以后，用剑砍断了面前的桌子，以此表达自己的决心。孙权的决断不拖泥带水，而是一锤定音。后来的赤壁大胜证明他的决定是正确的。

尊魏抗蜀胜刘备——决策者要
善于兼听属下谏言

赤壁之战后，刘备与孙权的关系很好，孙权还借荆州给刘备，让他休养生息，说好以后刘备有所发展了就归还。后来，刘备发展得很好了，孙权派人讨要荆州，几次都被刘备以各种理由拒绝。孙权很想找到一个合适的机会，重新夺回荆州，只是苦于没有这样的机会。后来，关羽攻打曹操，给了他一个难得的机会，他派吕蒙奇袭荆州，断了关羽后路，关羽被擒获，最后被杀。

刘备听说孙权占领了荆州，并没有太愤怒，但是听到关羽被孙权杀害的消息时，他悲痛万分，几度昏厥。至此，孙权、刘备关系彻底破裂，刘备执意伐吴，倾全国之兵力，亲自出征，执意要为关羽报仇。

面对刘备咄咄逼人的气势，孙权首先要做的就是尽量避免这场战争的爆发。于是，他派人向刘备表示，可以归还荆州，希望不要发动战争。此时的刘备，哪里听得进去别人的劝解，就连诸葛亮的话他都不听了。其实，此时的刘备，已经被仇恨冲昏了头脑，连国家发展的战略都不顾了，谁也阻止不了他伐吴的决定。

孙权看到战争已经无法避免，就开始考虑对策。孙权属下的谋士建议孙权，抓紧部署防御任务，派将领领兵迎战刘备。同时，谋士们都觉得此时的曹丕也在伺机观望，一旦局势有什么风吹草动，曹丕再发兵来攻打的话，那东吴就真的危险了，因此，他们建议孙权向曹丕称臣，只是假意称臣，这样就可以避免腹背受敌的境况，可以专心地迎战刘备。

考虑到当时的局势，孙权也顾不上自己的面子了，派了使节赵咨去向曹丕表达他的想法。赵咨表示孙权是聪明仁智雄略之主，虎视天下，向曹丕传达出的信息就是，孙权只是迫不得已才称臣的，表明孙权是卑躬不屈膝。其实，曹丕也心知肚明，于是他就顺水推舟，接受了孙权的请求，进行了册封。

这样，孙权就成为曹丕的臣子，曹丕自然就没有可能去发兵攻打他了。解除了这个潜在的威胁，孙权就可以专心迎战刘备了。

孙权在面临考验的时候，能够理性地看待问题，听取下属的正确建议，以国家大事为重，不计个人荣辱，放下身段，向曹丕称臣，这确实需要大胸襟。为了国家安危，孙权能够有如此魄力，实属不易，这体现出他的气度和人格魅力。

善于听取下属的建议。 面对刘备的进攻，孙权一时没有好的对策。下属担心刘备在攻打东吴的时候，曹丕也趁机出兵，这样东吴就很被动了。因此，下属建议孙权假装向曹丕称臣，这样就可以解除曹丕来进攻的威胁。孙权觉得下属说得很有道理，就采纳了这样的建议。

以大局为重，不计个人荣辱。 当时的局势，对东吴十分不利。孙权听取下属的建议，向曹丕称臣，很好地安抚了曹丕。作为一个领导者，能够向他人称臣，是需要很大的勇气的。然而，孙权为了国家大局，舍弃了个人荣辱。

市场竞争激烈，老板作为公司的决策者，即使能力再强，也不可能自己决定所有事情，因此，理性的老板懂得听取下属的建议和意见，作为自己决策的参考。**只有善于听取下属的建议，才能够更好地作出决策，使决策更适合公司的发展。**

黎明有一家自己的家具生产公司，主要生产经营红木家具。前些年，红木家具价格一路走高，这让黎明很高兴，于是他决定扩大生产规模。在一次公司内部会议上，他将自己的想法说了出来，想听听大家的意见。

大部分人觉得红木家具价格走高，风险太大，扩大规模以后，如果价格下降得比较快的话，公司将承受太大的风险和压力，那就有点得不偿失了。黎明觉得自己的想法是正确的，虽然风险不小，但还是有很好前景的，他还是希望大家能够考虑一下。

公司里有一个从事红木生产几十年的老资格的

技术工人，黎明在举棋不定的时候，就去听取他的意见。黎明说明了自己的想法以后，那个老工人毫不犹豫地说这个风险太大，价格已经有点虚高了，炒作的成分太大，扩大生产规模风险太大，不值得去尝试。老工人建议他不如在现有业务上下工夫，研究现代人的消费需求，开发出更多的新产品，这样风险更低，而且发展空间更大。

黎明只是有扩大规模的想法，他对风险的把握也不是很肯定，自己也不知道成功的可能性有多大。现在，看到大家几乎都不赞成，他就暂时放弃了这样的想法，专心于公司现有业务。

后来，红木家具的价格一路走低。看到这种情况，黎明庆幸当初自己没有一意孤行，强行扩大生产规模，而是听取了下属的意见和建议，要不然损失惨重。

守业有道

刘备倾全国军力伐吴，为关羽报仇。孙权面对刘备的进攻，考虑到东吴有可能同时受到曹丕的进攻，那样的话，东吴会腹背受敌，就很难招架了。于是，孙权听取了属下的建议，假意向曹丕称臣，解除了东吴的后顾之忧，专心迎战刘备，获得了夷陵之战的胜利。

·第六节·

逆众任顾雍为相——知人善任的
领导能降服人心

　　孙权接替孙策执掌江东，孙策临终前告诫孙权：内事不决问张昭，外事不决问周瑜。孙权遵从孙策的嘱托，充分信任这两个人，使得他们可以充分发挥自己的才能，为东吴的稳定作出了贡献。两个人的影响力巨大，他们的支持是孙权能够平稳过渡的重要原因。

　　后来，要拜丞相了，大家都以为丞相非张昭莫属，张昭自己也觉得应该是他，甚至有的人已经提前向张昭祝贺了。然而，最后的结果令人大感意外，孙权并没有选择众望所归的张昭，而是选择了当时名气不是那么大的顾雍。

　　顾雍是谁？又是一个什么样的人呢？

　　顾雍平时不饮酒，也很少说话。但是他考虑问题比较全面，处理问题也都面面俱到。他知道孙权爱才，于是就喜欢到处走走，发现有什么人才了，就回来悄悄向孙权推荐。然后，孙权再去考察，真正有才的就留用，而这发现人才的功劳就归于孙权了。孙权有什么重要的事情都去征求顾雍的意见，对他很器重。顾雍处处注重维护孙权的形象，替孙权考虑，这让孙权很满意。

顾雍很注重维护别人的面子，做事讲究方法，这样的为官之道能够获得很多人的好感。有一次，孙权和众臣饮酒，不醉不归，很多人都喝醉了，丑态百出。张昭看不惯，就离开酒宴，孙权派人喊他回来，他直谏孙权，并拿纣王纵酒取乐的故事告诫孙权，这让孙权很惭愧，但是也让孙权很尴尬，有点下不来台。顾雍也看不惯，但是为了不伤大家的和气，他虽然参加，但是绝对不饮酒，别人喝醉了，他就命人把他的言行记录下来，等到那人酒醒了，拿给他看。看到自己酒后的言行如此不雅，饮酒者就默默地改正了。相比之下，顾雍处理事情的办法更能够让人接受。

同时，顾雍谦虚谨慎，不事张扬，这让孙权很赏识他。顾雍很小的时候就出来打拼，母亲告诫他要努力，不能落在别人后面。顾雍谨记母亲教诲，每月都会给家里写信。母亲问他有什么成就，他都说做得不好。母亲说邻居家的孩子有的当了县令，有的做了将军，问他有什么功名了，他都说自己进步慢，没有建树。母亲坐不住了，亲自去看看他到底在做什么，没想到孙权亲自出迎，百官恭贺，母亲才知道儿子已封侯拜相两年了。顾雍的低调让孙权很欣赏。

孙权逆众任顾雍为相，很多人都看不明白。其实孙权是经过深思熟虑的，后来的事情证明了他的眼光，知人善任的孙权作出了正确的选择，顾雍也为东吴的发展贡献了自己的力量。

有主见的领导才能够让别人信服。 孙权很有主见，在别人都以为丞相非张昭莫属的时候，他经过自己慎重的考虑和比较，最终选择了顾雍。孙权是个善于听取别人意见的人，更是一个有主见的人，他觉得顾雍更适合这个位子，就坚定了自己的看法，封顾雍为丞相。

知人善任，得到人心。 任命顾雍为丞相，体现出了孙权的知人善任。这件事也让他得到了人心，他向属下表明，只要努力，有才能，就会得到重用。

老板对一个公司的发展起着决定性的影响。如果老板比较开明，能够知人善任，下属就更有工作积极性，而老板也更能收获人心。老板能够根据员工的能力给他们安排合适的职位，必定会有一帮真心实意地为他效力的员工，公司也会因此而发展得更好。

南方某公司最近要提拔一名副总，主要分管公司内部事务。老板经过比较，最终留下了两个人，要从这两个人中挑选出一个来担任这个职位。老板只是秘密进行这件事情，并没有对外公布。面对这两个人，老板很难取舍。

他们俩都是公司的优秀管理人员。一个年纪稍微大一点的，在公司多年，资历很老，同时其业务能力突出，就是有点自傲，有时候对新来的同事很不尊

第四章　卓越的个人管理

重，总觉得自己是公司老人。另一个年轻一些，来到公司的时间短一些，但是他的业务能力很出众，尤其在与同事关系这方面，他做得很好，很注意照顾别人的面子，与同事能够打成一片，同事们都感觉他很随和。

经过长时间的考虑和比较，老板决定提拔年轻一点的那一个，因为公司需要的是主管内部事务的副总，而他和同事们的关系处理得很好，这一点是让老板选择他的决定性因素。另一个虽然业务能力更强，但是他不太谦和，有时候说话不顾及别人的感受，这样会给同事们一种很疏远的感觉，不利于以后工作的开展。

老板的决定是正确的，他的知人善任也得到了很好的回报。年轻人担任副总以后，很好地处理了公司内部的各种事情，出色地完成了任务。

守业有道

当大家都以为孙权要任命张昭为丞相的时候，孙权出人意料地任命了顾雍。而顾雍的低调和谦虚，以及他为人着想的性格，使他很好地履行了职责，出色地完成了丞相的任务，这让孙权很高兴。

撕破脸皮取荆州——盟友不仁义时不能一味迁就

赤壁大战以后，孙权、刘备之间的关系比较稳定。孙权考虑到当时刘备没有稳定地盘，在刘备请求借荆州的时候，权衡利弊，将荆州借给了刘备，但是说明等到刘备有了好的发展，一定要将荆州还回来。当时刘备急于找到稳定的安身之所，于是答应了孙权，这样刘备有了一个稳定的地盘，能够发展自己，同时也可以牵制曹操，缓解对东吴的威胁。此时，孙权、刘备之间的关系还是很好的，也就是传统意义上的盟友关系。

后来，刘备入主益州，扩大了自己的势力。按照约定，是该归还荆州的时候了。孙权派鲁肃去讨要荆州，原本以为可以比较顺利地拿回荆州的所有权，然而，鲁肃白跑了一趟。鲁肃向刘备和诸葛亮陈述了孙权的想法，希望刘备能够按照约定归还荆州，但刘备考虑到荆州战略地位重要，不想归还，于是找借口，说现在还不太稳定，等刘备夺取了西川以后，就能够归还了。鲁肃没有办法，只得回去复命，还被孙权训斥，说他上了刘备和诸葛亮的当。

孙权也知道荆州位置重要，不能就这么轻易放弃。后来，孙权又派诸葛亮的哥哥诸葛瑾去讨要，并且要诸葛瑾假说自己的妻儿老小被孙权当做人质，如果要不回荆州，性命不保。孙权觉得他和诸葛亮是亲兄弟，应该能够要回来。

诸葛亮岂是一般人，诸葛瑾一到，诸葛亮就知道他是为讨还荆州而来。如果别人来要荆州，大可不必搭理，但这是诸葛亮的哥哥，刘备就和诸葛亮商定了一个策略。他们先把诸葛瑾安顿好，第二天，刘备把诸葛瑾叫到跟前，说是先归还三郡，并且亲自写信给镇守荆州的关羽。诸葛瑾以为这次总算可以了，于是拿着刘备的亲笔信兴冲冲地跑到荆州要求关羽交接三郡。

关羽看到刘备的书信没有写明交割的日期，就知道这是为诸葛亮找台阶下，于是以将在外君命有所不受为借口，将诸葛瑾打发走了。诸葛瑾回到刘备之处，刘备表示没有办法，关羽谁也不听，连他都没有办法。诸葛瑾只好回到东吴，孙权大怒。

孙权对刘备很好，在他困顿的时候借荆州给他，而当他发展好了，就以各种借口不归还。看到盟友如此不仁义，孙权打算找个机会，用武力夺下荆州。后来，关羽攻打曹操，给了孙权这样的机会，他岂能放过，于是，派吕蒙为将领，准备拿下荆州。吕蒙遵从了鲁肃的建议，设计使得关羽将荆州兵马调出，专心攻打曹操，而他趁机奇袭荆州，重新夺回了荆州的所有权。

孙权和刘备是盟友关系，然而双方在荆州问题上出现了分歧。刘备以各种借口拒不履行曾经的承诺，孙权几次派人讨要，刘备都不归还。孙权大怒，不再一味迁就，派兵夺荆州，和刘备关系破裂。

重视盟友关系。孙权借荆州给刘备，是重视和刘备的盟友关系。后来，几次讨要荆州未果，孙权没有采取武力，也是重视和刘备的关系，不想撕破脸皮，关系破裂。然而，刘备一再拖延，孙权没有办法，最后只得派吕蒙奇袭荆州，武力夺回了荆州的控制权。

盟友不仁义时不能一味迁就。孙权很重视与刘备的关系，但是看到刘备太不仁义，最后忍无可忍，武力夺荆州。其实，不光是孙权，任何一个集团，在盟友不仁义的时候，都不能一味迁就，那样自己会失去太多的利益。

现在市场竞争中，有很多企业选择了合作的形式，共同分担风险，增强竞争力，这是很好的做法，会促进企业的发展。但如果处理不好双方的关系，就有可能引起纠纷，这样就会给双方带来麻烦。因此，有时候盟友之间出现一些小小的纠纷，是可以迁就的，但是不能一再迁就不仁义的盟友，要适时地表明自己的态度。

孙明是一家酒业公司的老板，公司发展得很不错，他们的品牌在当地也小有名气。最近，随着市场需求的扩大，他们生产的酒在当地已经有点供不应求，他打算扩大生产规模。然而，由于刚刚进行了一笔大投资，公司的流动资金不是很多，这让他很头疼，得想办法解决这一问题。

这时刚好有一家小酒厂的老板找到孙明，想要和他合作，用他们公司的品牌，成为他们的生产商。孙明觉得这是个好机会。于是，公司通过开会确定了这次合作，双方签订了合作协议，协议中对于双方的权益都有明确的规定。

刚开始，合作比较顺利。后来，孙明发现这家小酒厂在偷偷地扩大生产规模，将扩大的这一部分利润全部据为己有。孙明觉得他们是小厂，就只是提醒了一下老板，老板表示这都是属下干的，回去一定好好处理。结果这家小酒厂并没有停止私自牟取利益的行为。

看到这种情况，孙明觉得一味迁就不是办法，刚好他们的投资资金已经收回，于是按照签订的协议条款，终止了与这个公司的合作。

守业有道

面对刘备的一再拖延，孙权不是一味迁就，最终撕破脸皮，派吕蒙奇袭荆州。孙权借此表明了自己的态度，维护了自己的权益。

盘马弯弓能射虎——做懂得 与部下同乐的老板

孙权年纪轻轻执掌整个江东，他必须为整个江东的百姓负责，身上的担子有多重，责任有多大，可想而知。面对这种责任，他背负了很大的压力。孙权是领导者，但他也是一个年轻人，也有自己的爱好，只是他的爱好和一般人不同罢了。

一有空闲，孙权就喜欢外出骑马打猎，这样可以缓解压力，享受生活的乐趣。孙权打猎，经常乘马射虎，从打猎中获得了难得的放松时光，因为打猎的时候，他可以什么都不考虑，只考虑如何捕到猎物。这对于一个领导者来说，是难得的放松，而孙权也很喜欢打猎时的感觉。

建安二十三年（公元218年）十月，孙权在去吴郡的路上发现有一只老虎，于是亲自骑着马，箭射老虎于亭边。孙权的马被老虎所伤，但他并没有惊慌，迅速用两把戟投刺老虎，却被老虎躲过，侍卫张世看到这种情况，拿起戈，把老虎斩杀。虽然射虎有一定的危险性，但这是孙权的爱好，他没有因为有危险就放弃，反而以此锻炼自己的临场应变能力和胆量。

张昭知道这件事情后，批评孙权："为人君者，应该能驾御英雄，驱使群贤，岂能驰逐于原野，骁勇于猛兽？如一旦有所危险，恐天下耻笑？"张昭的意思是孙权作为一国之君，应该明白自己的职责，不能逞匹夫之勇，而处于危险之中，如果有什么差池，出现什么意外情况的话，对整个国家都没有好处，还会遭耻笑。

孙权感谢张昭的提醒，说："是我年轻气盛，考虑事情不周到，我觉得很惭愧。"孙权虽然觉得惭愧，但是仍然没有放弃自己这个爱好。后来，他造了一辆射虎车，不设车盖，一个人驾驶，自己在里面射虎，这样降低了危险性。经常有脱群的野兽，撞上射虎车，孙权就用手敲击它，以此为乐。张昭为了孙权的个人安危着想，很多次劝谏他，孙权常常笑而不答，或者是当时答应他，一有时间还是会去打猎。

从孙权骑马射虎的爱好，我们看到了一个与原先印象里不一样的孙权，他和普通人一样，追求自己的爱好，并通过爱好来缓解压力，调节情绪，获得生活的乐趣。平时的孙权，指点江山，执掌江东，是个英雄人物。当他卸下一身行头，去追求自己生活中的乐趣时，他回归到了人最真实的一面，不再是那个高高在上的领导者，而是一个普通的人，这给了我们认识他的另一个视角。

把自己的生活态度传达给别人，影响别人。 孙权作为一个领导者，在战乱年代闲暇之余，仍然从自己的爱好中寻找生活的乐趣，他用乐观的生活态度和享受生活的理念影响着下属。

展现自己的亲和力。 原来的孙权，高高在上，似乎高不可攀。当他把自己骑马射虎的爱好保留下来，并且从中获得生活乐趣的时候，让人觉得他不再那么高高在上，也是很容易接近的，这就给了下属平易近人的感觉。

老板是一个公司发展的领路人，但是老板绝不应该是一个工作狂。懂得享受生活的老板，才懂得如何更好地工作，带领着公司向更好的方向发展。不懂生活的乐趣，只是一味埋头工作的老板，不一定是好老板。

王刚大学毕业后自己创业，经过几年的发展，公司已经有了不小的规模，而他自己也初步实现了创业梦想。刚开始创业的时候，他一心扑在工作上，没有时间去享受生活，当然那时候也没有条件去享受生活。经过几年的发展，公司走上了正轨，他终于有了自己的闲暇时光，开始重新去享受生活了。

王刚不再像刚开始创业时候那样天天在公司了，有时候把每天的重要工作安排一下，他就去做自己想做的事情。以前的他，喜欢运动，现在可以经常健身了，或者约几个朋友到户外进行一些放松运动，偶尔也会和朋友们自驾游。现在的他，玩的时候就放松地玩，不考虑工作的事情，一旦开始工作，就百分百地投入。这样的生活，让他找到了很多的乐趣，工作效率也提高了，没有了以前那种对工作的恐惧和厌恶感。

王刚知道自己公司的员工也很辛苦，因此定期举行一些文体活动，让大家在紧张的工作之余，放松一下身心。每年他都会组织公司员工到外地旅游一次，旅游地点由员工投票决定，费用由公司出，这时候是员工们最高兴的时候。旅游回来的一段时间，是公司工作效率最高的一段时间。

看到这样的情况，王刚更加坚定了"享受生活，快乐工作"的生活理念，他希望能将自己的生活理念传递给公司的每一个员工，让他们从压力中解放出来，以更加积极的生活态度去对待生活，对待工作。

守业有道

孙权不是一个工作狂，他很懂得享受生活，有自己的爱好。懂得享受生活，才更懂得如何工作，懂得如何带领团队获得更好的发展，取得更大的成功。

生子当如孙仲谋——令对手刮目相看

曹操占领江夏，收降刘表水军后，虎视江东。建安十八年（公元213年）春，曹操率大军大举进攻濡须口，与孙权的水军展开激战。曹操打算先发制人，派兵士夜里偷偷袭击孙权的水军营寨，谁知道孙权早有防备，将曹操的兵士团团包围，这一战，曹操的兵士死伤众多，让曹操对孙权的水军有所忌惮，不敢贸然出击。双方陷入僵持，长达一个多月，仍然没有结果，于是在濡须形成了对峙之势。

有一天，孙权带领很少的兵士，乘坐小船，到曹操水军营寨前查看曹操水军的部署。曹操水军用弓箭乱射，孙权临时应变，调转船头，不但化解了船可能因为有了太多的羽箭而倾覆的危险，还借箭成功。

曹操得知孙权到来，知道他是来查看军情的，于是命令停止攻击。孙权的船队渐渐远去，曹操目睹孙权水军之整齐、精练后，喟然叹曰："生子当如孙仲谋，刘景升儿子若豚犬耳！"他看到孙权水军如此强盛，知道在水上同孙权作战很难获得胜利，于是就有了撤军的想法。

孙权回去以后，给曹操写了一封信，劝其退兵。曹操拿到信一看，信上写着：马上就要到汛期了，你的军队都是北方人，不适应南方的气候，你还是退兵吧。语气缓和，但是切中曹操要害，最后还有"君若不死，我心难安"八个大字。曹操看完信以后，感觉到了孙权的信心，也感觉到了孙权的霸气，最后考虑再三，终于撤军。

论战场上的功绩，纵观孙权一生，虽然取得了很多胜利，但大多都是别人来攻打时候的防守，真正主动去进攻别人的战争，孙权获胜的不多，只是一些小的战争获得了胜利，想攻打合肥，数次不胜，而且还险些被张辽、李典擒获。可见，孙权在主动攻城略地方面还是有所欠缺的，与曹操和刘备相比，他的起点是最好的，但他却只是注重稳固江东，发展水军，他的陆上军队是最弱的。

但是说到守业，他就做得比较出色了。孙权明事理，任人唯贤，对待下属比较宽容，将妹妹嫁给刘备，实现孙刘联姻等诸多决策，可以说他完全具备了一个成熟的政治家所应有的眼光与魄力。这是孙权成熟的地方，也是他的生存之道。

让对手佩服，是一种肯定和成就。孙权执掌江东以后，不但稳固了祖上基业，而且还不断扩大江东的势力范围。多次与曹操对战，互有胜负，但是曹操很佩服他。得到曹操的佩服和夸赞，从另一个方面说明了孙权确实做得很好。

一个成功的老板，也许会有人嫉妒，也许没有，但是必定有人佩服，这是肯定的。如果一个老板没有人佩服他，那他肯定还不算是真正的成功。从这一点上来说，当一个老板被人佩服的时候，他就离成功很近了，或者说已经取得了成功，只是还没有达到自己的期望罢了。

史玉柱是一个别人眼里的异类，也是一个传奇人物，他的经历足够让人回味。他大学毕业后就下海经商，创建巨人高科技集团，曾经跻身《福布斯》中国大陆富豪第8位，这样的成功让人佩服。

然而，更让人佩服的还在后面。随后，他一夜之间负债数亿，在平常人看来，他这辈子都不会东山再起了。然而，他带领着他的原班团队，进军保健品市场，脑白金做得风生水起，国人皆知。后来，开发征途游戏，也是赚得盆满钵满。

2007年，史玉柱旗下的巨人网络集团有限公司成功登陆美国纽约证券交易所，总市值达到42亿美元，融资额为10.45亿美元，成为在美国发行规模最大的中国民营企业，史玉柱的身价突破500亿元。2008年10月28日，史玉柱创办的巨人投资公司在北京人民大会堂宣布，正式开辟在保健品、银行投资、网游之后的第四战场——保健酒市场，生产世界第一款功能名酒——五粮液黄金酒。

史玉柱的成功就是一个传奇，不可复制。马云在谈到史玉柱的时候，都佩服得五体投地，不是因为他赚了多少钱，而是他跌得那么惨，还能从容地站起来，通过自己的努力，重新崛起。史玉柱的成功已经不需要用别人的佩服去衬托，无数人面对他的传奇经历时的瞠目结舌从侧面印证了他的成功。

守业有道

孙权年少有为，二十多岁的时候便在赤壁重击曹操。后来，在濡须之战中，曹操看到他训练有素的水军，觉得在水上他是不可战胜的，于是发出了"生子当如孙仲谋"的感慨。能让曹操这样的人物发出如此感慨，可见孙权确实做得非常好。

和蜀汉重归于好——在重大决策面前不感情用事

　　夷陵大战，刘备战败，逃回白帝城，托孤于诸葛亮后去世。后来，随着曹魏的不断发展壮大，东吴和蜀汉都感到越来越不安全。单凭自己的力量，很难确保不被曹魏吞并，最好的办法就是东吴和蜀汉再度联合起来，这样才能很好地抵抗曹魏，不至于使其中的任何一个灭亡。毕竟，当时的实力对比摆在那里，经过夷陵之战，蜀汉损失惨重，兵力大不如前，恢复得比较慢，同时，诸葛亮数次北伐，劳而无功，更是耗费了国库，蜀汉在走下坡路。东吴也好不到哪里去，兵力没有什么发展，随着一些将领的老去，战斗力也在下降。他们都面临着曹魏极大的威胁。

　　孙权看到了这个问题，知道联合蜀汉是最好的选择，但是担心夷陵之战后双方的关系太过僵硬，没有办法和蜀汉重归于好。孙权的属下同样认为重新和好对双方都有好处，单凭一方的力量已经很难抗衡曹魏了，他们也在想办法打探蜀汉方面的想法，希望有机会可以重新联合起来。

诸葛亮经过几次北伐，原本就不富足的国库更加亏空，兵力已经大不如前，他也感受到了曹魏的威胁。诸葛亮在思考，和东吴重新和好，是个很好的选择，这样就可以凭借双方的力量牵制曹魏，而不至于遭受灭顶之灾。诸葛亮料定孙权和他属下的谋士必定也看到了这样的情况，可能他们因为夷陵之战的事情，不便于主动提出和好的事情。刚好，诸葛亮整军待发，准备新一次的北伐，于是主动向东吴提出了请求，希望东吴能够策应诸葛亮北伐。

东吴一直想重新联合，只是没有很好的机会，他们一直在等待。看到诸葛亮主动抛来了橄榄枝，孙权岂有不接受之理。于是，孙权出兵攻打合肥，策应诸葛亮的北伐。至此，东吴和蜀汉重归于好。

联合起来，共同对抗曹魏。时过境迁，曹魏势力强大，而东吴和蜀汉的势力都有所消耗，如果不采取联合的策略，他们两方都会面临极大的压力，有被各个击破的危险。于是，联合成了双方的意愿，借着诸葛亮北伐抛来的橄榄枝，双方重新走到了一起。

在重大决策面前，以事业为重，不感情用事。面对事关国家存亡的决策，孙权和诸葛亮都没有感情用事，看到了怎样的决策是最利于自身发展的，他们有着共同的利益，合作对双方都是有好处的。

作为公司的领导者，作出决定，尤其是事关公司发展的重大决定时，一定要理性，不能感情用事。感情用事是领导者的大忌，一个感情用事的领导者是不能带领一个团队获得最后成功的，即便有时候他的决定会很有效果。因此，要想公司有好的发展，老板就要理性地作出决策，不感情用事。完全根据公司发展的需要做事，这才是一个合格的领导者。

王猛经营一家公司，原先有一个很好的业务上的合作伙伴，双方的合作很成功，都从中获得了很好的发展。后来，由于一些业务纠纷，双方的关系出现了裂痕，最后闹僵，终止了合作，关系变得冷淡。

后来，随着经济形势的不景气，行业竞争更加激烈，他们都感受到了公司发展的难度。王猛心里很清楚，要想公司更好地发展，重新回到以前的合作模式是最好的选择，但是由于关系闹僵以后，双方没有了业务上的往来，平时也没有再联系，一时不好开口。而他的合作伙伴看到现状，也觉得重新合作比较好，但是同样对双方此前的合作纠纷有所忌惮，不好主动开口。

王猛是一个比较外向的人，他知道他们两个人都在等待一个合适的机会，可是他脾气有点急，觉得再等下去不利于公司发展，于是放下自己的面子，主动给以前的合作伙伴打了一个电话。双方重新聚到一起，谈起了各自公司发展的情况。他的合作伙伴看到王猛这么真诚，就没有什么顾虑了，说出了自己想要重新合作的想法，他们一拍即合。后来，双方的合作更加稳定，公司有了更好的发展。

上述案例中的王猛，一切以公司发展需求为主，不感情用事，得到了合作伙伴的肯定，终于促成了再次的合作。

守业有道

孙权看到当时的局势，意识到只有和蜀汉重归于好才是最好的选择，于是不感情用事，促成了和蜀汉的重新和好，降低了东吴的风险，实现了双赢。

专业运营的行家

利用优势守长江——始终坚持自己的 核心竞争力不动摇

　　孙权在江东，北有曹魏，西有蜀汉，长江在其战略位置上占有重要地位。孙权布重兵于长江沿岸，以长江为依托，形成一条不可轻易逾越的防线。这条长江防线对孙权来说是很重要的。他很好地利用了地理上的优势，加上占优势的水军，成为了他最有优势的地方，对实现"限江自保"的方针发挥着重要作用。

　　东汉末年的时候，黄巾军作大乱，汉室倾危，群雄并起，纷纷发展自己的势力。孙坚、孙策父子乘势而起，割据江东，成了很有实力的地方割据势力。200年，孙策遇刺，孙权继承祖业。孙策临终嘱咐孙权："举贤任能，各尽其心，以保江东。"保住基业成为孙权的首要大事。

　　孙权遵从孙策的嘱托，坚守长江，稳固基业。但是，他并不甘心仅仅坐拥江东，而是积极寻求向外发展。孙权初见鲁肃，向鲁肃请教天下大势，鲁肃向孙权进计："汉室不可复兴，曹操不可卒除。为将军计，惟有鼎足江东，以观天下之衅。……剿除黄祖，进伐刘表，竟长江所极，据而有之，然后建号帝王以图天下，此高帝之业也。"进而指出了占有长江全线的重要性，这一席话对孙权实现霸业起到了重要作用。

孙权数次征讨黄祖，终于在208年击败黄祖，夺得长江中游的军事重镇夏口，缴获战船无数，扩大了自己的水军军力，进一步实现了"竟长江所极"的战略目标。这是很重要的一步，占据长江上的大部分地方，需要更加强大的水军，也需要更多的战船。而剿除黄祖不但得到了夏口，而且得到了急需的战船和一部分兵士，这为孙权扩充水军提供了极大的帮助，为他以后全面占据长江，建立稳定和安全的长江防线奠定了良好的根基。

后来，曹操一统北方黄河流域，挟大军南下，击败刘备，而后顺江东下，打算拿下江东，统一天下。关键时刻，孙刘联合，取得赤壁大捷。孙权、刘备乘胜追击，拿下南郡。后来，因为考虑到自己的战略利益，借南郡给刘备，使他能够牵制曹操，确保自己的安全。

刘备派关羽守荆州，占有长江上游之地。随着刘备的不断发展，孙权开始感觉到这会成为他的心腹之患，多次讨要无果，令孙权很头疼。后来孙权派吕蒙奇袭荆州，重新取得荆州的所有权。自此，孙权终于全据长江中下游，使境内长江天堑浑然一体，成为东吴一道重要的军事屏障。

孙权明白自己的优势是什么，于是大力发展水军，按照鲁肃《榻上策》的建议，一步步地实现着自己长江中下游控制权的梦想。重新拿到荆州的控制权以后，他终于使整个长江天堑都在自己的掌控之中。从此，他将势力扩展到整个长江，形成了良好的保护屏障。

发挥自己的水路优势。与曹操和刘备相比，孙权的水军是占据优势的。孙策临终前叮嘱他要据守长江，而鲁肃的《榻上策》也建议他占据长江，护卫江东。孙权根据《榻上策》的战略意图，经过长期的战争，最后终于控制了整个长江，建立了一条重要的军事防线，充分发挥出了自己的水军优势。

确保了东吴的安全。控制整个长江以后，一条相互策应的完美防线终于建成，这对于东吴来说是至关重要的，有力地保障了东吴的安全。

现代市场，每个企业都希望能够在竞争中站稳脚跟，然后有更好的发展。然而，对于如何竞争，很多人都有自己不同的看法。一个成功的企业，必定是保持核心竞争力的企业，有自己优于其他企业的优势，并且不断地把自己的优势发挥出来，从而在竞争中占据主动。

一个年轻人，在一个小城市创办了一个小的物流公司。物流行业的竞争很激烈，面对这种现状，年轻人知道自己的实力很难与大的物流公司竞争，而自己要做的就是先稳住阵脚，再图更大的发展。

年轻人知道，要想有更大的发展，必须有自己的核心竞争力，这样才不至于被淘汰。仔细分析了行业内其他公司以后，他觉得现在很多物流公司的服务都存在一些弱点，消费者对于很多物流公司都有意见。了解到这些以后，他将自己的核心竞争力定义为服务至上，只有提供令消费者满意的服务，公司才能有更好的发展。

于是，在完善公司物流网络的前提下，他加强了公司的服务质量，通过培训员工以及采取一些制度性的措施提高公司人员的服务水平和质量。慢慢地，他的这些措施发挥了作用，公司的业务量有了很大的提高，这让他很高兴。

这个年轻人是聪明的，他在分析了行业现状以后，找到了一个自己可以努力的方向，这个方向的竞争力小，而且很容易就能做出成绩。他注重公司的服务质量，狠抓公司的核心竞争力不动摇，公司才有了更大的发展。

守业有道

孙权占据江东，明白自己的优势是水军，于是坚守长江，稳固自己的优势，始终坚持自己的核心竞争力不动摇。这很好地确保了东吴的安全，也使他在稳固基业的基础上，有了更大的发展。

· 第二节 ·

团结伙伴打击敌人——恰当处理
合作和竞争之间的关系

孙权是个很理性的人，有着自己的想法和对事情的判断。在战乱年代，他逐渐变得更加理性，尤其是对于竞争对手的态度，不再是一味地一成不变，而是根据局势的发展，采取不同的态度。这一点是难能可贵的，这使得他能够在激烈的竞争中不断发展壮大，稳固自己。

曹操击败刘备以后，打算顺江东下，一举拿下东吴。这时很多人主张投降曹操，而孙权最后与刘备联合，在赤壁之战中大败曹操，不仅保护了江东的安全，还趁势拿下了南郡，扩充了自己的实力。后来他又借荆州给刘备，使得刘备牵制了曹操，对自己有利。孙权很好地处理了与刘备合作的事情，通过合作，使得双方都获得了利益。

后来，刘备不断发展壮大，孙权几次派人索要荆州，都被刘备以各种理由拒绝。此时，刘备控制荆州，对孙权有很大的威胁。为了解除威胁，孙权一直在等待机会，希望能够重新取回荆州。后来，关羽进攻曹操，曹操向孙权表达了联合的想法，孙权觉得这是一个机会，借此还可以修复与曹操的关系，于是欣然答应。于是，就有了后来的吕蒙奇袭荆州，关羽败走麦城，孙刘关系破裂。刘备执意伐吴，孙权假意向魏称臣，免除了魏国趁机进攻的后患，可以专心迎战刘备。夷陵两军对垒，孙权获胜。

夷陵之战，刘备大败，败走白帝城，托孤于诸葛亮。此时，蜀国元气大伤，吴国也好不到哪里去，魏国占据了优势。鉴于这样的局势，孙权觉得要想不被魏国所灭，就必须与蜀国联合，这是最好的选择。但经过夷陵之战，双方的关系已破裂，要想联合，缺少的是一个契机。诸葛亮看到了这一局势，知道与孙权联合是最好的选择。后来，在诸葛亮北伐的时候，向孙权发出了联合的信号，孙权觉得这是一个修复双方关系的好机会，于是策应诸葛亮北伐。虽然北伐的结果不尽如人意，但是双方的关系得以修复。

从孙权在不同阶段采取不同策略来看，他很好地处理了与竞争对手的关系。懂得什么时候应该合作，什么时候应该竞争，在竞争与合作的选择上都拿捏得很好，每次都能取得不错的效果，对自己都是有好处的。

战乱年代，竞争激烈，要想生存下去，并且有所发展，就要很好地观察当时的局势，找准自己所处的位置，并且灵活地运用各种策略，寻找到最适合自己发展的机遇，同时，运用各种技巧，在合作与竞争之间作出选择，以使得自己的利益得到最大程度的保证。孙权就很好地做到了这些，在刘备与曹操之间选择了不同的策略，并且根据自身发展的需求不断调整策略。

增加胜算。团结伙伴打击敌人，增强的是自身的力量，增加的是自己的胜算。很多时候，单凭自己的力量是远远不够的，这就需要找到有共同利益的伙伴，联合起来，共同打击敌人。

根据自身发展需求调整策略。合作还是竞争，取决于自身的需求。只要有利于自己的发展，能够为自己带来好处，就是正确的选择。孙权在不同时期对刘备和曹操的不同策略，很好地体现了这一点。

竞争和合作是现代市场的常态。是竞争，还是合作，取决于企业的利益，只要有利于企业的发展，就是好的。聪明的老板，都会根据企业自身的需要采取适合企业发展的策略，以便更好地促进企业发展。企业发展的需要，决定了是竞争还是合作。

北方某小城有两家规模不大的企业，业务雷同，在市场上难免竞争。两家企业都遵循市场竞争法则，采取正当竞争，在促进自身发展的同时，也很好地激发了竞争对手的斗志，实现了双赢。竞争是常态，如何在竞争中求发展是企业必须要面对的问题。

随着市场局势的变化，两家企业都感到力不从心，由于规模较小，单凭自己的力量，很难应对激烈的市场竞争。两个老板都意识到了这种情况，都有了合作的意向，缺的只是一个好的机会。

后来，经济形势不断恶化，两家企业的代表终于走到了谈判桌上，就未来的合作发展达成了初步意向，协商决定先开始业务上的合作，然后再慢慢地加深合作，以此来增强两家企业的市场竞争力，降低两家企业的市场风险，从而更好地促进两家企业的发展。

上述两个老板都察觉到了经济形势的变化，懂得自己的企业要想单独发展很不容易，难以应对局势变化，只有采取合作才能更好地推进各自的发展。在这种情况下，双方进行了合作。原来的市场竞争者，由于自身利益的需要，成为了合作者，实现了双赢。

守业有道

孙权懂得如何更好地发展自己。因此，在不同的时期，他对待曹操和刘备的态度是不同的，总能根据自己的利益需求来决定是合作还是竞争。不管合作还是竞争，都是为了更好地促进东吴的发展。

·第三节·

顶住压力不投降——商场纷争"剩"者为王

刘备找了一个借口，偷偷从曹操那里领兵跑出来了。曹操派人喊他回去，他拒绝了，他终于又可以自由了。然而，曹操却生气了，于是亲自带兵来打刘备。刘备哪里是曹操的对手，大败。而此时的曹操意气风发，占据了荆州地区，要趁着打败刘备、军队士气正旺的好机会，挥军南下，打算一举拿下江东，完成统一大业。

于是，曹操向孙权表明了态度。他挥军南下，要直取江东。看到刘备大败，孙权手下的人开始慌了，并且意见不一致，形成了两派，一派主和，一派主战。两派各有各的理由，并且都不能说服对方，发生了激烈的争论。于是，孙权听取了每一个人的意见，让他们充分表达自己的想法。

当时，鲁肃和周瑜是主张与曹操开战的。周瑜认为曹操兵力没有那么多，不值得害怕，给他五万人

第五章 专业运营的行家

·169·

就完全可以击败曹操，这增强了孙权的信心。而鲁肃则向孙权表示了自己的想法，说所有的人都可以投降曹操，唯独孙权不能，别人投降了还可以得个一官半职，而孙权现在就是一方霸主，投降曹操以后，能得到什么官职呢？简单的几句话，使得孙权更加坚定了与曹操开战的决心。

其实，孙权的性格决定了他不是个居人之下的人，后来，鲁肃和诸葛亮见到孙权以后，诸葛亮向孙权分析了曹操的弱点，那就是劳师远征，不习水战，完全可以在这方面做文章，孙刘联合有很大的胜算击败曹操。诸葛亮敏锐地看到了曹军远来疲惫、不习水战等弱点，分析了刘备、孙权的优势，巧妙地利用了孙权不甘心寄人篱下、想与曹操一战的心理，智激孙权，使孙权确立了孙刘联盟的基本方针。

其实，孙权作为一方霸主，他的性格是很刚强的，怎么可能屈居人下。孙权之所以没有立即决定与曹操开战，是因为他有自己的考虑。孙权手下的人明显分成了两个派别，一方主战，一方主降，听取他们的意见，是为了不伤害到手下人的和气，有利于东吴以后的发展。当然，孙权也确实对于曹操有所忌惮，毕竟自己兵力不多，没有必胜的把握。而在每个人都陈述了意见后，诸葛亮来了，他透彻地分析了曹操的弱点，找出了战胜曹操的突破口，同时周瑜也表示了战胜曹操的把握，再加上原本他在心里就倾向于与曹操一战，最后促成了孙刘联合，取得了赤壁大捷。

孙权是一个很有自己想法的人，不会轻易被别人左右。他明白，如果投降曹操的话，孙家苦心经营的祖业就将毁于一旦，而他自己的生命安危也得不到保障。因此，在广泛听取了别人的想法后，他采取了孙刘联合抗击曹操的策略。这个正确的决定不但保存了江东基业，而且在赤壁之战后还扩大了自己的势力，稳固了自己在江东的统治。

保住了江东基业。孙权拒不投降曹操，并且联合刘备，在赤壁与曹操决战，获得大胜。这使得江东基业得以保全。同时在赤壁之战后乘胜追击，扩大了自己的势力，可以说是一举两得。

市场竞争是残酷的，要想不被市场淘汰，就要面对竞争，争取让自己活下来，市场竞争最基本的法则就是"剩"者为王。只有"剩"下来，才有机会不断发展壮大。被兼并了，或者被淘汰了，就失去了生存和发展的机会。

数年前，国外某大型饮料生产企业进军中国市场。为了尽快得到一定的市场份额，他们对中国的一些小型饮料公司进行了收购和兼并，很多小的饮料公司都成了它的下属公司。然而却有一家小企业的老板不买账，不管给他多么丰厚的价格，他都不肯出售公司，这让所有人都很惊奇。

后来，随着市场竞争的激烈和国内饮料行业的竞争加剧，这家饮料企业开始调整公司的经营策略，减少了在中国的投资。这给了一些小的饮料企业一个绝佳的发展机遇。而先前那位一直很坚定地不出售自己公司的老板，抓住了这个难得的机会，占领了很大的市场份额，扩大了公司的规模，公司也发展得越来越好，现在已经成为中国饮料行业不可忽视的一股新生力量。

公司发展得越来越好，但是老板并没有沾沾自喜，他知道市场竞争是残酷的，公司要想有更大的发展，必须投入更大的精力。于是，他开始考虑公司的转型，使公司的产品有了更多的分类，迎合了现在消费者的需求。他在开发新产品上投入了大量的人力和财力，他也从中获得了丰厚的回报。

如果当初这个老板也像其他老板一样，把自己的企业出售的话，就不会有公司后来的发展。正是因为这个老板深深懂得商场纷争"剩"者为王的道理，才经受住了诱惑，坚守住了自己的理想，才有了后来公司的发展。

守业有道

打败刘备后，曹操携大军压境，给孙权以巨大压力，希望能够迫使孙权投降。而孙权拒不投降，与刘备联合，大败曹操。他的这份坚持源于他明白战场纷争"剩"者为王的道理。正是懂得了这个道理，他作出了正确的选择，并得到了很好的回报。

·第四节·

十天造十万支箭——什么样的老板
造就什么样的下属

孙权是一个对事不对人的领导者，他能够很好地发挥每个人的才能，让每个人都能在适合的位置上发挥力量，作出贡献。

曹操大军将至，周瑜问诸葛亮用什么武器与曹军作战最重要，诸葛亮回答说是箭。于是，周瑜提出让诸葛亮在十天之内造十万支箭。他原本以为诸葛亮不会答应，在他看来这是一个不可能完成的任务。但是，诸葛亮却出人意料地说："曹操大军将至，如果十天时间，必误大事，只要三天就可以完成。"周瑜一听大喜，当即与诸葛亮立下了军令状。

诸葛亮告辞以后，周瑜就让鲁肃到诸葛亮那里，打探虚实。诸葛亮一见鲁肃就说："三天内怎么能造出十万支箭呢，子敬救我！"鲁肃回答说："既然不能完成，你却立下军令状，叫我怎么救你？"诸葛亮说："只要你借给我20只船，每只船配置30名军卒，

·173·

船只全用青布为幔，各束草把千余个，分别竖在船的两舷。到第三日，保证会有10万支箭。"鲁肃答应了诸葛亮的请求，但并不明白诸葛亮到底想做什么。

鲁肃见到周瑜后，不谈借船之事，只说诸葛亮并不准备造箭用的竹、翎毛、胶漆等物品。周瑜也大惑不解。第一天，不见诸葛亮有什么动静。第二天，仍然不见诸葛亮有什么动静。直到第三天夜里四更时分，他才将鲁肃请到船上，并告诉鲁肃要去取箭。鲁肃不解地问："到哪里去取？"诸葛亮回答道："你不用问，去了就知道了。"鲁肃还是一头雾水，不知道诸葛亮要做什么。

凌晨，江面漆黑一片。诸葛亮下令用长索把20只船连在一起，向北岸曹军大营驶去。五更的时候，船队到了曹操的水寨前。这时，诸葛亮又叫士卒将船只头西尾东一字摆开，横在水寨前。然后，他又命令士卒擂鼓呐喊，制造击鼓进兵的声势。鲁肃见状，大惊失色，诸葛亮却很镇定地告诉他说："我料定，曹操绝对不敢贸然出战，尽可放心地饮酒，等到天明，我们便回。"

曹操担心遭到埋伏，果然不敢派兵出战。于是，他急调弓弩手向江中乱射，以此阻止击鼓叫阵的"孙刘联军"。等到日出雾散之时，船上的全部草把密密麻麻地插满了箭。此时，诸葛亮下令船队调头返回。

诸葛亮按时交工，有他神机妙算的功劳，而孙权的强势领导也功不可没。周瑜在他的领导下，严明军令，而诸葛亮是执行者。有孙权这样的领导者，才造就了周瑜和诸葛亮这样的下属，完成了看似不可能完成的任务。

打破惯性思维。按照常人看来，十天造十万支箭是不可能完成的任务。然而，诸葛亮利用自己对天气状况的了解，通过向曹操"借箭"的方式，完成了这个任务。由此可以看出，有的时候，打破惯性思维，就会有意想不到的收获。

领导者要强势，要善于感染下属。孙权是一个很强势的领导者，因此周瑜也是这样的人，他要执行孙权的想法和意志。其实，周瑜和诸葛亮都是执行者，只是诸葛亮是一个更聪明的执行者罢了。

某空调生产企业的老板是一个雷厉风行的人，做事果断，赏罚分明，对于工作上的事情，总是比较认真，对员工的要求也比较严格。他这样的性格和做事习惯也慢慢影响到了员工，员工做事都比较利落。

夏天到了，正是空调企业的生产旺季，也是空调销售的旺季。为了使公司更好地发展，老板提出了一套严格的奖惩制度，对于公司的生产人员和市场上的销售人员都有很详细具体的奖励办法，老板希望通过这样的制度激励员工，希望公司业绩能够有大的提升。老板提出的业绩提升标准是很高的，在员工看来是不可能完成的。然而，大家都了解老板的脾气，没有人提出什么异议。

其实奖惩制度重点是在奖励，这样才能更好地激发员工的积极性。有现成的利益可得，大家不再想老板提出的业绩指标了，全身心地投入工作中。销售人员发动自己的亲戚朋友，尽最大可能去提高自己的业务量。

一个月过去了，这份奖惩制度取得了很好的效果。大家全身心地投入工作，没有考虑其他问题。当一个月下来，大家看到自己业绩的时候，都觉得惊叹不已。老板的强势和果断，影响到了员工，带动了他们的工作热情，取得了很好的工作业绩，促进了公司的发展。

什么样的老板造就什么样的下属，这个老板知道自己能够影响员工，于是他就用自己的积极态度和工作热情去带动员工，同时用很好的奖励方法激励员工，并取得了很好的效果，公司业绩有了大幅度提升。老板用他自己的人格魅力和做事方法影响着员工，员工也在老板的影响和带动下取得了意想不到的业绩，这是相互的，是企业和员工的双赢。

守业有道

孙权果敢、严明，对事不对人，他的做法也影响到了下属，周瑜就是其中的一个。在赤壁大战时，周瑜与诸葛亮立军令状，三天造十万支箭，给了战争很大的支持。这其实是在孙权带领下取得的成就，诸葛亮只是执行者。

·第五节·

分清立场立职场——老板要明白自己最适合哪个"场"

每个人都有自己的"场"，只有明白了自己最适合哪个"场"，才有可能充分发挥自己的长处和优势，进而获得成功。曹操守的是官场，挟天子以令诸侯，通过加官晋爵的封赏来拉拢人心，因为他有这个优势。刘备守的是情场，桃园结义让兄弟情义永存，怒摔阿斗让赵云誓死效忠，他走的是情场路线。曹操和刘备都很好地找到了适合自己的"场"，发挥了自己的优势，获得了成功。

孙权年纪轻轻就执掌东吴，可谓青年才俊，意气风发，然而他知道自己年轻学浅，要想使东吴有更好的发展，就必须学会倾听。因此，他明白自己适合的是职场。他守职场，善于倾听，成就了自己。

内事不决问张昭，外事部就问周瑜，以此稳固江东基业；坚持主战，重用周瑜和鲁肃，从而联合刘备打败曹操；力挺吕蒙，智取荆州，从而掌握对蜀汉的主动权……

上面这些事情，充分地显示出了孙权的处事方法，他很注

第五章　专业运营的行家

·177·

重与下属的沟通和互动，能够倾听他们的想法和意见，对他们表达出了充分的尊重，这让下属感到很温暖，愿意更加努力地为他工作。其实不仅仅是这些事情，更多的事情都可以体现出孙权的职场心态。他以守职场的心态发展江东基业，得到了下属的赞同和效忠，在解决问题的同时很好地团结了人心。

找准自己的位置。孙权作为领导者，要找准自己的位置，只有找准了自己的位置，才有可能发挥自身的优点，领导下属使江东有更好的发展。这一点孙权做得很好，他找到了自己的位置，并充分发挥了自己的长处。

善于倾听，可以激发下属的积极性。孙权总是喜欢听取别人的意见和建议，等到别人表达完了，再作出自己的决定。这种做法，让每个人都有表达自己想法的机会，可以更好地调动下属的积极性，发挥他们每个人的优势，为东吴的发展作出贡献。

领导者对于一个企业的发展是很重要的，只有领导者找到了自己的位置，明白自己最适合哪个"场"，才能更好地与员工沟通和交流，带动他们的工作热情和积极性，为公司的发展贡献更多的力量。

小李原先在一家企业工作，后来辞职创业，自己创立了一家小公司。他做过员工，明白员工喜欢什么样的老板，刚好他又比较健谈，喜欢与人沟通和交流，所以有空的时候，他就喜欢随机找员工聊天，听取他们对自己工作的看法，以及对公司发展的想法和建议。他的这种做法让员工觉得老板很重视他们，在一定程度上提高了他们的工作积极性。

公司不是很大，员工不是很多，所以他对于每个员工的情况都了解。每个人生日的时候，都会收到公司精心挑选的礼物，而且每个人的礼物都会不同，这体现出老板对员工的用心。每当员工收到生日礼物的时候，都特别激动和开心。

其实，不光这个，平时员工病了，或是员工家里有老人生病什么的，他只要有机会，都会去看望一下。虽然这只是举手之劳，但在员工看来，这样的老板值得他们跟随，跟着这样的老板，自己不会吃亏。

小李并没有把员工仅仅看作为公司创造价值的人，而是把他们当作朋友对待，以情动人，这让员工们都很感动，很好地增强了公司的凝聚力和向心力，大家团结一心，想的都是如何把公司发展得更好。员工们感觉，公司不仅仅是一个工作的地方，更像一个温暖的大家庭，这让他们有一个很好的工作状态，每个人都可以很好地发挥自己的才能。小李因为找到了适合自己的"场"，能很好地调动了员工积极性，最终促进了公司发展。

守业有道

孙权分清立场立职场，找到了最适合自己的那个"场"，也找到了领导下属的最适合的策略和办法，这使他能够最大限度地发挥自己的领导才能，带领下属更好地奋斗，促进东吴的不断发展。

外用周瑜内用张昭——老板应学会
找对人做对事

孙权年轻时跟随孙策南征北战，立了不少战功。后来，孙策遭人暗算，临死时将孙权喊到跟前，将江东托付给他，并且叮嘱他一定要稳固江东基业。因担心他太年轻气盛，就特别叮嘱他：内事不决问张昭，外事不决问周瑜。

周瑜是孙权的好友，俩人交情很深，曾经共同作战。后来，周瑜到了江东，孙策以厚礼相待，可见对他的器重。再后来，孙策将江东交给了孙权。那时候的江东并不稳固，四周有不少敌人，都伺机想要打江东的主意，都在静观事态发展，如果孙权处理不好，江东就面临着很大的威胁。

此时的孙权明白，江东的局势堪忧。不但外部强敌伺机来犯，内部下面各个地方的将领，也因为孙权刚刚接手江东，并不怎么听他的号令。外部和内部的双重危机，让孙权面临着很大的考验，处理好了，过了这一关，他就会有很好的未来；处理不好的话，可能江东就要分崩离析，后果不堪设想。

周瑜表现得也不含糊，带兵回来奔丧，明确表态支持孙权。这让孙权觉得安心很多，毕竟有了周瑜的支持，就可以镇得住下面各个地方的将领。而此时，仅仅安稳住这些将领是不够的，江东谋士众多，此时很多人也在观望，而孙权这时候得到了张昭的支持。张昭在江东很有发言权，这让很多人不再犹豫不决，转而安心地辅佐孙权。

孙权虽然年纪轻轻，但他是很有胆略和主见的人，他知道此时的江东需要有发言权的人站出来表态，自己能得到他们支持的话，就能占据主动。当时，对外需要有一个有权威的将领能够镇住场子，使得对江东觊觎已久的敌人找不到可趁之机，顺便能够安稳住各地的将领，不至于发生兵变。对内则需要有一个老资格的谋士，能够带领江东的一帮谋臣一心一意地帮助自己。

恰恰在对内对外都急需权威的人出来做事情时，周瑜和张昭表达了对孙权的支持。而孙策在临终之时也嘱托他要重用周瑜和孙权，这样就一拍即合了。孙权开始让周瑜主外，带兵方面给予他很大的权力，树立起他的威信。同时，内部事务则将权力给予张昭，使得他有发言权，带领大家稳定住江东局势。

他们两个没有辜负孙权的厚望和信任，将江东内外打理得很有秩序，使得江东在孙权接手以后平稳地度过了过渡时期，很好地解决了内忧外患的问题。孙权的用人眼光是很独到的，他对江东局势的把握也很到位。外用周瑜，内用张昭，使得江东逐渐地稳固。

需要有权威的人稳定人心。孙权刚刚接手江东，需要解决的事情很多，重中之重则是人心，而当时最危险的也就是人心不安，很多下面各个地方的将领都不怎么听孙权号令，很多谋士也都人心思动，这时候孙权重用周瑜和张昭，安抚了人心，稳定了军心，使得江东避免了内乱。

解除了周围强敌的威胁。周围的一些敌人，看到江东不稳，都在伺机而动，一旦江东内乱，他们必然发兵来攻，那样就危险了。孙权首先安抚内部人心，然后重用周瑜，使得江东团结一心，没有给敌人以可趁之机，确保了江东的安全。

国内某化肥生产企业，集生产、销售于一体，发展得不错。刚开始的时候，老板什么事情都是亲自抓，亲力亲为，很好地促进了企业的发展。后来，随着企业规模的扩大，老板越来越感觉到力不从心，已经没有那么多精力和时间将生产和销售都管好了。这就迫使他必须做出改变，要不然会影响到企业的发展。

考虑到公司发展的现实需要，他提拔了一个跟随自己多年的得力干将，让他主管销售，自己则全身心管生产，因为老板觉得产品质量是最重要的，质量有了保证，企业才会有信誉，才能得到客户的肯定和认可，树立公司良好的信誉和企业形象，公司才会不断发展。

而主管销售的下属做得很好，市场的销售业绩不断攀升。后来，老板觉得自己抓生产也不好，他应该将生产交给别人管理，自己只负责公司发展的战略规划，只过问公司的重大事情，毕竟，一个事事亲为的老板不是一个很成功的老板，聪明的老板要让下属为自己做事。于是，不久之后，他又提拔了一个信得过的人，让他主管公司的生产，而自己则适当放权，只过问公司比较重要的事情。

这个老板是聪明的，懂得怎么做对公司的发展最有好处。他提拔了两个可依赖的下属管理公司的日常事务，自己则适当放权，而两个下属也没有让他失望，将公司各项业务打理得很有秩序，公司也进入了良性发展的轨道。如果他一意孤行，不懂得放权，公司不可能发展得很好。

守业有道

孙权遵从孙策的嘱托，外用周瑜，内用张昭，用人不疑。他们两个将东吴的内外打理得井井有条。他很好地处理了人和事的关系，让对的事找对的人，让对的人做对的事，使得东吴内部团结，齐心协力，外部也相对安定。

实用主义践行者

·第一节·

孙权心中无恶人——做"事"业至上的管理者

　　孙权当了吴王之后，曾经大摆酒宴，招待群臣。到酒宴将要结束的时候，他亲自起身，向大臣们行酒。走到骑都尉虞翻面前的时候，虞翻假装喝醉了，趴在地上。等到孙权回到座位上，他又起身坐下。孙权看到他装醉，于是大怒，要杀他。

　　当时，在座的大臣都吓得不敢上前劝阻，只有大司农刘基上前抱住了孙权，不让他杀虞翻，并劝说："大王酒后杀掉大臣会惹人议论，这对大王的名声不好。大王广招人才，容纳贤士，天下有才之人才能闻风而至，如果因为今天杀了虞翻而毁了好名声，那就太不值得了，这对国家的发展不利。"

　　孙权听了刘基的一番话后，怒气慢慢地消退，其实他原本没有杀虞翻的想法，只是看到虞翻装醉，自己下不了台，现在既然有人为他求情，也乐得做个顺水人情，这样还能显示出他的宽容大度。虞翻因此而免于死罪。酒席后，孙权反思了自己的做法，觉得酒后太冲动，不妥，于是对手下人说，从今以后，他酒后说要杀人，大家都不要去杀。

有一次，孙权在武昌临钓台饮酒，喝得酩酊大醉，醉后他叫人用水洒席上的大臣，并对大家说："今天饮酒，一定要饮得痛快，不醉不归。"辅吴将军张昭听后，板起脸孔，一言不发地离开酒席，走到了外面。孙权派人叫他回去，说："今天只不过是共同饮酒取乐罢了，你为什么要发怒呢？"张昭回答说："过去纣王彻夜痛饮也是为了快乐，也不认为那是坏事。"孙权听了，面露惭愧之色，立即下令撤了宴席。

从上面的故事中可以看出，孙权是比较宽容大度的，和大臣斗气也很有风度。他一般不会轻易杀人，通常会采取比较缓和的办法，这样不会影响到大局，使手下人对他更加敬重。

宽容待人，赢得敬重。作为一个领导者，难免有时候会因为下属的行为而生气。但是，孙权并不会轻易地开杀戒，而是采取一些无伤大雅的办法，既发泄自己的不满，又使自己争得面子，这对于一个领导者来说，难能可贵。正是因为这样，孙权博得了下属的爱戴。

善于用人。在孙权的心中，没有大恶之人，每个人都有他的作用，都能够作出自己的贡献。正是因为有着这样的看法，他不太动杀念，能宽容他人之过。他很善于用人，使得每个人都能为自己出力。

一个好的老板，必定能够根据手下员工的不同特点，给予每个人适合发挥才能的舞台，最大限度地发挥每个员工的才能，为公司的发展作出贡献。一个好的老板，应该对事不对人，心中无恶人，每个人都不是完人，都有这样那样的缺点和不足，只要能够充分地发挥他们的优点，克服他们的缺点，就能够人尽其才。

有一个人，在公司与同事的关系都不好，老板也知道这件事情，但是，老板一直没有让他离开公司，反而在业务上给予他更大的机会。其实，老板对他比较了解，虽然他与同事关系不怎么好，但是他的业务能力是不容置疑的，在公司也是数一数二的。就因为这一点，老板根据他的现实状况，给他创造条件，使他能够更好地发挥自己的长处，并且尽量缓和与其他同事的关系。

刚好，公司最近需要开辟新的市场，需要有一个能力强的人去负责这件事情。老板考虑到他与同事之间的关系，最终决定让他去新市场。老板这个决定，很好地解决了内部和谐问题，既发挥了他的长处，也使得他与同事们的关系因为不在一个地方而有所缓解。而老板也没有看错他，他没有辜负老板的厚望，把新市场打理得井井有条，为公司创造了价值。

这个老板是聪明的，他并没有因为员工和同事关系不好而否定他，将他定义为危害公司发展的"恶人"，而是根据他业务能力强的特点，让他去开拓新市场。这样，既发挥了他的业务专长，也使得他和同事们的关系好转，可谓是一举两得。其实，一个聪明的老板，就应学会更好地了解员工，充分发挥他们的长处，扬长避短，让他们为公司的发展作出更大贡献。

守业有道

　　孙权很注重手下人的才能，能很好地根据他们的特点安排他们做不同的事情，发挥他们的长处。在他的眼里，没有恶人，只要将他们放在合适的位置，他们就会发挥自己的作用。

曹汉称帝他称臣——不要面子要安全

　　建安二十五年（公元220年）十月，曹丕称帝，改元黄初，第二年四月，也就是半年以后，刘备称帝，改元章武。其实，在那个时候，孙权也可以跟着称帝的，毕竟曹丕当皇帝了，刘备也当皇帝了。当时，手下的人也都劝孙权登基称帝，但是孙权坚决拒绝了。

　　但是，这个时候大汉已经灭亡了，孙权不当皇帝当什么呢？按照中国古人的观点，不是君就是臣，没有第三种道路。而此时，孙权拒绝称帝，就只有称臣。不过，有一个问题摆在孙权的面前，此刻有两个皇帝，孙权要向谁称臣呢？孙权必须作出决定，当然这要根据自己的利益来决定。

　　刘备在四月份称帝以后，六月份，他就带着军队来攻打孙权了。这个时候，魏文帝曹丕也开始对孙权施加压力，如果此时不向曹丕称臣的话，他也许会趁刘备攻打的时候，也发兵攻打，那孙权面临的压力就大了，而且威胁也大，甚至有被人灭掉的危险。孙权正是看到了这样的威胁，为了保存自己，确保自己不腹背受敌，于是只好忍气吞声，向魏文帝称臣。

孙权的选择是向曹丕称臣，也就是刘备称帝的四个月以后，孙权向曹丕称臣，再过三个月，孙权接受曹丕的封号，是为吴王。其实，从中我们可以看出，孙权称臣的时机把握得很好，他并不是真心称臣，只是为了确保自身安全的权宜之计。

面对刘备咄咄逼人的气势，孙权知道自己首先要做的就是确保自身安全，于是抓紧部署防御任务，派陆逊迎战刘备。同时，他知道此时的曹丕也在伺机观望，一旦孙权有什么风吹草动，曹丕再发兵来攻打的话，那东吴就真的危险了。

孙权知道，以他当时的实力，还不能称帝，他需要韬光养晦，发展实力，等待时机。既然觉得称帝时机还不成熟，那么此时此刻，向曹丕称臣就是他最佳的选择了。想到了这一点，他顾不上自己的面子问题，派了使节赵咨去向曹丕表达他的想法。赵咨在很大程度上维护了孙权的面子，当曹丕问到孙权是什么样的人时，赵咨表示孙权是聪明、仁智、雄略之主，虎视天下。意思就是，孙权只是迫不得已才称臣的，表明孙权是卑躬不屈膝。其实，曹丕也明白孙权的想法，既然孙权表达出了称臣的意思，曹丕也就顺水推舟，接受了孙权的请求，并进行了册封。

孙权在面临危机的时候，能够放下身段，向曹丕称臣，这确实需要大胸襟。他虽然称臣，但只是假意，卑躬但不投降，自始至终一直抬着头。为了国家安危，他能够有如此魄力，值得赞赏，他的智慧可见一斑。

免除了后顾之忧，可以集中精力迎战刘备。孙权最担心的就是刘备在攻打自己的时候，曹丕趁机出兵。而通过向曹丕称臣，孙权解除了这样的危机，使得自己可以专心地对付刘备。

以大局为重。当时的局势，对于孙权来说，十分不利。刘备带着仇恨来攻打，需要耐心应对。此时如果不能很好地安抚好曹丕，他一旦出兵，孙权就将面临灭顶之灾。为了国家大局，孙权舍弃了个人荣辱，向曹丕称臣，体现出了他的魄力和大丈夫能屈能伸的精神。

现在的市场经济，竞争激烈，很多企业都面临着巨大的竞争压力，尤其是小企业。很多小企业为了生存，都会依附一些大企业，作为他们的代工企业。这样，在赚取利润的同时，可减少自己的风险，使自己生存下来，确保自身的安全。

小李毕业于某工科大学，毕业后自己创业，有一家小工厂，做电器生意，发展得还算不错。近来，他面临着巨大的压力，因为有一家规模比较大的工厂要收购他的企业，如果不卖的话，他会面临着更大的竞争压力。如果这家企业以价格战来对付他，他的企业是承受不住的，他一时想不到什么更好的解决办法。虽然对方给的价钱很不错，但是这家企业是小李自己白手起家奋斗的成果，他不想就这么拱手送人，况且他有信心使企业发展得更好。

正当他百般无奈，不知道如何是好的时候，听一个朋友说起国内某名牌电器厂家正在寻找代工伙伴。听到这个消息，他喜出望外，于是赶忙联系这家企业，表达了自己合作的诚意，同时报出了这家企业无法拒绝的价格。其实，他这么做只是为了使自己的企业能够生存下去，而他几乎是得不到什么利润的。就这样，为了企业的生存和发展，他作出了巨大的让步，成了大公司的代工企业。

小李为了企业的生存和发展，不计较一时的面子，和大型企业合作，并且放弃了很多的经济利益。如果他不这么做，也许会面临收购或不正当竞争，对于一个小企业来说，肯定承受不住。最终，他作出了聪明的决定，确保了企业的安全。

守业有道

孙权是一个很理智的人，看到曹丕、刘备称帝，他没有头脑发热，跟着称帝，他了解自己的处境，时机未到。面对刘备的讨伐，他选择了向曹丕称臣，丢掉了一时的面子，却换得了东吴的安全，免去了曹丕趁机进攻的威胁，可以一心一意地迎战刘备。

·第三节·

伺隙出击不妄动——遵循适度保守法则

孙权的长处就是能听各方意见，有自己的理性判断和思考。当周瑜推荐鲁肃的时候，他并没有因为鲁肃出身低微而看不起他，而是与鲁肃合榻共饮，请教国家大事。当鲁肃提出"唯有鼎足江东，以观天下之衅"的建议时，孙权非常赞同，于是定下"立足江东，面向全国，有机会再图进取"的立国方针。

其实，孙权很明白自己的优势和劣势。曹操占据的是天时，刘备占据的是人和，而他自己占据的就是江东的地利。与曹操和刘备相比，他在武将和谋臣的比拼中都不占优势，因此，他向来都是谨慎地出兵，力求更多的胜利。

赤壁之战孙权联刘抗曹，以五万兵力击败曹操二十余万大军，打得曹操一蹶不振。这是他在听取了下属的建议后，权衡利弊作出的决定，是很谨慎的。从赤壁之战就可以看出孙权的用兵策略，那就是稳定为先，寻找战机，一击制胜。

孙权的用兵从来都不冒进，都是在谨慎的前提下出兵，因而很多战争都获得了胜利，即便没有获胜，也没有什么大的损

第六章　实用主义践行者

195

失，这就是他的高明之处。他基于自身的现实情况，洞察到了稍纵即逝的机会，并且把握住了机会，在打击对手的同时，使得自己不断发展壮大。这样的智慧，值得赞赏，正是因为这一点，他才能使江东不断壮大。

就当时的局势来说，要想最后统一，就必须不断进行战争。而孙权当时占据的是地利，这就决定了他的被动，也决定了他的战略方针，他首先要做的是稳固基业，然后才是趁机发展壮大。正是在这种战略思想的指导下，他才谨慎用兵，并取得了不错的效果。

清楚自己的位置和优势。孙权很清楚自己的优势就是地利，因此，他据守江东，战略相对保守。在这样相对保守的战略的指导下，他的用兵必然也是保守的，但是这样的用兵策略取得了不错的实际效果。

一旦发现机遇，绝对不犹豫。适度保守的用兵策略，决定了孙权必须善于发现稍纵即逝的机会，不能犹豫，要果断地作出决定。这一点，孙权做得很好，并通过多次的战争，取得了很好的效果。

现在的商场，讲究的是效率，聪明的老板懂得什么时候该出击。他们不会盲目出击，而是会等待机会，一旦机遇到来，就绝不犹豫，一击制胜。机会总是稍纵即逝，做老板的要善于发现机会，同时要果断地抓住机遇，获得发展。

王猛在南方有自己的电子产品生产工厂。前几年，中国的电子产品生产规模快速增长，大部分像他的工厂一样规模的工厂，都扩大了规模，并借助着市场的需求，获得了发展。而王猛觉得这样投资风险太大，他还是希望自己能够一步步地稳步发展，不愿意去冒险。虽然他错失了一些机会，但是工厂规模也在扩大。

近来，随着行业大环境的变化，很多以前的公司由于步子迈得太大，投资过多，短期收不回投资，又面临着银行巨大的还款压力，都纷纷破产了。王猛看到了机遇，于是果断地扩大了生产规模，并凭借自己多年来积累的客户和信誉，很快就占领了那些企业退出后空缺的一部分市场，因此公司得到了很好的发展。

如果当初王猛也跟风行动，和其他公司一样盲目扩大生产规模的话，也许他也会面临巨大的压力，甚至破产。但是他很理性，在别人纷纷投资的时候，他变得保守谨慎，虽然错失了一些机会，但是降低了自己的风险。而在别人面临巨大压力甚至破产的时候，他又敏锐地察觉到这是一个好的机会，果断地扩大生产规模，占领别人空出来的市场，使公司得到了很好的发展。

守业有道

孙权不是一个激进的人，他首先要做的是稳固江东基业，然后再伺机发展自己。他做事谨慎，懂得权衡风险利弊，尤其是战争，更加谨慎，不轻易发动战争，总是等待好的机遇。因此，他都是在风险很小的时候出击，降低自己面临的威胁，增加自己成功的几率，这使得他总能比较好地抓住机遇，获得成功。

·第四节·

对合肥锲而不舍——重要的战略利益
一定要努力争取

合肥是战略要地，对孙权和曹操来说都很重要。因此，孙权前后五次攻打合肥，而曹操也是布重兵镇守合肥。双方展开了数次激战，孙权最终都没有取得合肥，但是他每一次失败后，总是锲而不舍，重整旗鼓，准备下一次攻击。

208年底，曹操于赤壁大败，孙权军队士气高涨，趁势继续攻击曹军。12月，周瑜攻打江陵的曹仁，而孙权则亲自进攻合肥，拿下合肥就可以开拓西、北两边战线，这在战略上是很重要的。当时，合肥太守是扬州刺史刘馥，孙权围住合肥，另派张昭进攻九江的当涂，但不成功。曹操接到消息后，派将军张喜带兵解围。合肥久攻不下，但张喜援军仍未到达，这让刘馥很担心，万一援军再不到达，合肥就有可能真的保不住了。这时候，蒋济向刘馥献计，伪称四万援军已到雩娄，派主簿假扮迎接张喜，并命三个守将带信出城后装作偷入城。当中，一个成功回城，两个却被孙军擒获。孙权得信后，果然中计，相信了曹军会有四万人来救，便烧阵撤退。

214年，曹操南征孙权不成，留下张辽、李典、乐进带领七千多人防守合肥。孙权见曹操在汉中，未能及时回到东边，于是率十万人北至陆口，出征合肥。张辽与李典素有个人恩怨，曹操也知道，于是提前给了他们一张小纸条，等到孙权来攻打的时候，就可以拆开，曹操用这样的方式巧妙地化解了他们之间的个人恩怨，使他们能够同心协力地一致对外。

由于张辽、李典等人誓死守卫，孙权围合肥十多日都不能攻下，又遇上疫疾，便命大军班师，自己则与凌统、甘宁、吕蒙、蒋钦等断后。退至逍遥津北，张辽观察到东吴军撤退，乘机率军追击，东吴军顿时混乱，孙权被围。甘宁擂响大鼓，增强士气，凌统亲率三百精兵冲入重围，甘宁则引弓掩护，吕蒙、蒋钦死战拒敌。

230年，魏国在合肥建筑新城，加强防务。233年12月，孙权出兵想围攻合肥新城，因为新城距离较远，孙权的军队不敢下船。满宠便安排六千人，在隐蔽处埋伏，只等孙权军队上岸，发动突然袭击。后来，孙权军队上岸，伏军发起突然袭击，孙权损失较大，于是撤兵。234年2月，诸葛亮进行第五次北伐，于是请东吴一起出兵。孙权答应，于是第四次进攻合肥。后来，由于曹睿援军将到，加上吴军中士卒都多有病患，于是孙权撤退。

从上面的几次战争可以看出，孙权一直不放弃战略位置重要的合肥，只要有机会，就要出兵攻打。然而，曹操也深知合肥的重要性，总是安排重兵把守。同时，得益于曹操用人得当，每次都能够协力死守，这让孙权拿下合肥的想法一直没有得逞。但是，孙权一直明白合肥的重要性，即便失败后，只要有机会，还是会卷土重来。

体现出一种执著和理性。孙权很清楚地知道合肥对于东吴的战略重要性，因此，他千方百计地想要拿下合肥。拿下了合肥，他就变得很主动，对自己的全盘战略具有重要意义。因此，他数次出兵，虽然都未能得偿所愿，但是这体现出他的一种执著，这种精神值得赞赏。

争取重要战略利益。一个领导者，对于战略利益就要锲而不舍，这样才能更好地促进自身发展。孙权对夺取合肥的执著体现了他作为一个领导者的战略眼光。

战略利益对企业发展来说是至关重要的，一个好的老板总能采取各种措施为企业争取战略利益。战略利益得到了保证，就能为企业发展增加保障，可以使企业更加稳定地发展壮大，降低企业面临的风险。

小马在北京有自己的装饰公司，主要做写字楼的隔断。刚开始的几年，利润还比较高，但是后来竞争越来越激烈，利润不断下滑，使他面临着很大的压力。他需要为公司的发展寻找出路。如果能够与大的公司或者企业建立长期合作关系，就能保证公司最基本的业务量，使公司有稳定的发展，他也一直在寻求这样的机会。

后来，国内某航空公司公开招标，给了他一个很好的机会。面对这样的机会，他当然不会轻易放过。于是，他抓紧制作标书，研究标的价格，并希望自己能够中标，这样就能够为公司的发展争取到战略利益。

为了增加自己中标的几率，他在利润上作出了巨大让步。果然，他中标了，与这家航空公司签订了战略合作协议，虽然利润受到了一定程度的损失，但是为公司的稳定发展奠定了很好的基础。他很清楚自己想要的是什么，利润只是暂时的，得到了一个这么好的合作伙伴，就可以很好地促进公司发展，公司发展好了，利润自然就多了。

守业有道

对于孙权来说，合肥这个战略要地很重要。他要想确保自己的安全，就必须夺取合肥，他要想向周边发展，也必须夺取合肥。正是因为这点，他才数次出兵合肥，希望夺取合肥。虽然最终都没有成功，但是他对于战略利益的争取精神是值得肯定的。

周瑜程普双都督——对重要的岗位必须要有制衡措施

　　周瑜出身士族，他的堂祖父周景、堂叔周忠，都曾经做过汉太尉。他的父亲周异，也曾做过洛阳令。周瑜与孙策很早的时候就认识，关系很好，是挚友。当年孙坚兵讨董卓时，家小移居舒县，孙策和周瑜同岁，由此认识。周瑜让出路南的大宅院供孙家居住，并且去拜见孙策的母亲，两家关系很好。周瑜和孙策在此广交江南名士，很有声誉。

　　孙坚死后，孙策统率部卒，成为领导者。后来，周瑜跟随父亲到了丹阳，刚好当时孙策打算去历阳（今安徽和县西北），将要东渡，写信给周瑜。周瑜率兵迎接孙策，给他以大力支持。后来，他们两个共同作战，取得了很好的战果。

　　建安三年（公元198年），周瑜经居巢回到吴郡。孙策听说周瑜回来了，亲自出迎，授周瑜建威中郎将，调拨给他士兵两千人。此外，孙策知道周瑜喜欢音乐，还赐给周瑜鼓吹乐队，替周瑜修建住所，由此可见他对周瑜的厚待。

建安五年（公元200年）四月，孙策遇刺身亡，临终的时候把军国大事托付给了孙权。当时，孙权只有会稽、吴郡、丹阳、豫章、庐陵等几个郡，地盘不是很大。而当时很多人，他们只注重个人安危，虽然都在孙权的统帅下，但是他们并未建立起君臣之间相互依赖的关系。而这时候的孙权，还没有建立起威信。如果处理不好，后果不堪设想。

关键时刻，周瑜从外地带兵前来奔丧，留在吴郡孙权身边任中护军。他握有重兵，以君臣之礼对待孙权，这给了那些郡的人一个明确的暗示，使得孙权稳住了局势。后来，孙权拜周瑜为都督，可见对他的器重。

然而，孙权并没有完全依仗周瑜，他不想把军权交到周瑜一个人的手中，觉得这么重要的位置，必须有人制衡他，才能对东吴的发展有利。于是，他想到了孙坚时期的重臣程普。

程普资历很老，早年在州郡担任官吏，后跟随孙坚四处征战，讨黄巾余贼于宛、邓，破董卓于阳人等都有他的功劳，屡立战功。因此，兵士对他很敬重，孙权对他也很器重。公元208年，程普代太史慈守备海昏，与周瑜共为左右督，破曹操于乌林。第二年，又攻打南郡，击败曹仁。

刚开始的时候，程普和周瑜为左右都督，他觉得周瑜年轻，看不起周瑜，多次轻视周瑜。然而，周瑜始终不与程普计较，对他依旧很尊敬。后来通过相处，程普发现周瑜确实有才能，于是改变了自己的看法，与周瑜关系很好。两人共同为东吴的发展出力，作出了不少贡献。

孙权是精明的人，对于重要的职位，没有单单依靠周瑜，而是封周瑜和程普为左右都督。这样，就可以让两个人相互制衡，同时，两个人的关系好了，就可以更好地促进东吴的发展。

可以使两个人相互制衡。周瑜权力很大，为了确保重要的岗位有人制衡，孙权封周瑜和程普为左右都督。这样，他们两个人就可以相互制衡，不至于出现一个人独掌军权而危害到东吴发展的事情。

更有利于东吴的发展。刚开始，程普看不起周瑜，数次刁难他，而周瑜不计前嫌。后来，程普看到了周瑜的才能，才改变了自己的看法，两个人的关系变得很好，并且齐心协力，更好地促进了东吴的发展。

企业要想很好的发展，必须有各种制度和措施，尤其是对于公司管理层的监督和制约。如果不能很好地对管理层进行监督，就可能会出现很多问题，影响公司的发展。因此，聪明的老板都会对高层人员进行监督，或者设置两个副总，使他们相互监督和制衡，这更有利于企业的发展。

南方某公司，老板是白手起家，现在的副总是从一开始就跟着老板的，老板对他很器重。然而，最近老板发现，副总现在平时很多事情都是自己决定，也不告诉他一声。老板觉得这么下去，对公司发展不利，得找个人来和他竞争一下，这样既可以激发他的工作热情，也能够使他们相互监督，促进公司发展。

老板是一个想到什么就立即着手去做的人，既然他认为这么做对公司的发展有好处，就毫不犹豫地去做了。很快，老板高薪招聘了一名副总，让他和现在的副总分管公司的日常工作。从这以后，老板发现事情大大改观，两个人都想好好表现，都做得很出色。老板看在眼里，喜在心头，因为这是他最想看到的结果。

这个老板发现了公司存在的问题，那就是副总有点越权，有点自作主张，这对公司的发展是没有好处的。但是因为这个副总是从一开始就跟着他奋斗的人，他不想搞得太尴尬，于是就想出了一个既能解决问题，又能保留颜面的办法。他又招聘了一名副总，使他们之间有合作有竞争，以此激发两个人的干劲和动力，并最终使公司有了更好的发展。

守业有道

孙权对周瑜很器重，赋予他很大的权力，但是觉得这么做不妥，必须有人来监督和制约他，于是将他和程普任命为左右都督，这样可以相互牵制，这对他的统治是有好处的，也有利于东吴的安定和发展。

培植鲁肃入核心——没有背景的亲信要重用

　　鲁肃出生于士族家庭，幼年丧父，由祖母抚养长大。他体貌魁伟，性格豪爽，喜欢读书，爱好骑射。东汉末年，他看到朝廷昏庸，官吏腐败，社会动荡，人民生活困苦，很多人流离失所，过着朝不保夕的日子，心里非常悲痛。他常召集乡里青少年人练兵习武，希望有朝一日可以投到明主旗下，为国家和人民贡献自己的一份力量。

　　鲁肃仗义疏财，经常接济困苦的乡民，深得人民的拥戴。当时，周瑜为居巢长，因缺粮向鲁肃求助，鲁肃将自己的粮食慷慨赠给周瑜，这让周瑜很感动，觉得鲁肃是个可以结交的人。于是，二人成为好友，相约共谋大事。

　　建安二年（公元197年），鲁肃率领部属百余人随周瑜到江南投奔孙权。孙权很高兴，立即约见鲁肃，与其交谈，谈话中就觉得鲁肃不是一般的人才。等在场宾客起身退出时，鲁肃也告辞而出。但不一会儿，鲁肃又被孙权悄悄喊了回来，合榻对饮。孙权向鲁肃请教天下局势，鲁肃说："汉室不可复兴，曹操不可卒除，为将军计，惟有鼎足江东，以观天下。"这就是后来的《榻上策》，孙权觉得鲁肃的话很有道理，觉得他是个不可多得的人才，于是就将鲁肃的《榻上策》作为自己发展的战略指导，对鲁肃更是礼遇有加。

建安十三年（公元208年），曹操率大军南下，击败刘备以后，打算直取江东。孙权部下大部分人都害怕曹军势力，纷纷主张投降曹操，这样可以免得刀兵相见，也免去东吴的灭顶之灾。鲁肃与周瑜力排众议，坚决主战。鲁肃私下劝孙权说："我们这些做臣子的投降曹操，仍可谋得一官半职，也许还能混得不错，而你若投降曹操，曹操能给你什么官职呢？"鲁肃的一席话令孙权醒悟，于是下定决心抗曹。接着，鲁肃与周瑜又建议孙权联合刘备，共抗曹操。孙权听取了这个建议，与刘备联合，孙权、刘备联军大败曹军于赤壁。经过赤壁之战，孙权觉得鲁肃是难得的人才，于是开始培植他进入东吴的高层，委以重任。

赤壁大战后，鲁肃被任命为赞军校尉，可见孙权对他的重视。周瑜逝世后，孙权采纳周瑜生前的建议，令鲁肃代周瑜职务，领兵4000人。舞台更大了，鲁肃的才能也得到了更好的展示，由于鲁肃治军有方，军队很快发展到万余人。孙权根据当时政治军事形势需要，又任命鲁肃为汉昌太守，授偏将军，这样的晋升速度，足可以看出孙权培植鲁肃进入东吴核心层的意图。后来，鲁肃随从孙权破皖城，又发挥了很大的作用，被授为横江将军。

从鲁肃在东吴的发展轨迹可以看到，孙权是很重视他的，并且有意地栽培他进入东吴的领导层。这从一个侧面反映出孙权的眼光，而鲁肃也没有辜负孙权的厚望，为东吴的发展尽心尽力，作出了很大的贡献。一个没有背景的人，孙权能如此厚爱，足可以看出孙权的宽广胸襟。

唯才是用，可以最大限度地发挥人才的作用。鲁肃没有什么背景，但是孙权看到了他的才华，就慢慢地培植他，给了他更大的空间和舞台，而他也在这样的舞台上发挥了更大的作用，为东吴的发展作出了更大的贡献。

让没有背景的人破格进入领导层，免去了拉帮结派的可能性。孙权深知部下的拉帮结派会削弱整个军队的战斗力，使国家的凝聚力减弱。鲁肃没有背景，将他破格纳入领导层，可以使他有感恩之心，从而更卖力地为孙权效命。

南方某公司老板，特别爱才，发现有适合公司发展的人才，就会千方百计地得到。最近，他在一个招聘会上见到了一个很有想法的年轻人，是应届毕业的博士，老板很喜欢，于是高薪将其招聘进公司。

老板没有因为他是博士毕业生就安排很重要的工作给他，而是让他从头开始，从基层工作做起。很快他就表现出了与别人不一样的才能，于是老板找机会破格提拔他，给他安排更重要的工作，让他在更大的空间里发挥自己的才能。

　　慢慢的，他做到了公司中层管理人员的职位，这对于一个新人来说，已经很不错了。别的中层管理人员都是跟随老板多年的，手下都有自己的亲信。而这个年轻人不同，他来公司时间不长，老板觉得他不像别的人那样，于是刻意栽培他，让他进入了公司的核心管理层。而他也很感谢老板的栽培，全心全意地为公司发展贡献力量，提出了很多对公司发展有利的建议，很好地促进了公司的发展。

　　如果不是老板的刻意栽培，年轻人不会有这么好的发展机会，老板通过自己的眼光，发现了一个很有才能的人，并且专心栽培他，这样他就可以全心全意地为公司的发展卖力。这位老板眼光独到，做法值得借鉴。

守业有道

　　孙权见到鲁肃以后，通过交谈觉得鲁肃很有才能，于是开始重用他。后来，周瑜去世，孙权让鲁肃代替周瑜任大都督，可见对鲁肃的器重。鲁肃也很感激孙权的知遇之恩，尽心地为东吴的发展贡献自己的力量。

大象战略不争而善胜

稳固基业为根本——只吃青草的大象策略

　　孙权18岁时继承继位吴侯、讨逆将军，领会稽太守，开始统领江东。虽然大家都很信服他，但是他并没有因此而失去自己的理性和判断。他知道凭自己的实力，很难有更大的发展，因此首先要解决的问题就是稳固基业，将祖先留下来的基业妥善地维护好，在这个前提下，再伺机取得更大的发展，不断壮大祖业。

　　有了这样的认识，他就有了更加清晰的思路和目标，那就是先慢慢地发展壮大自己，然后再图霸业。他善于重用人才，手下汇集了一大批谋士武将，这为他稳固基业提供了有力的支持，使他有了更大的底气。

　　孙权采取的策略是稳步推进。他根据自身的情况，制定了适合自己的发展策略。他首先要解决的就是自己身边的问题，解除自己身边的威胁。于是从203年开始，三次讨伐江夏太守黄祖，最终获得胜利，这不但解除了身边的威胁，而且获得了大量的土地和战船，很好地促进了东吴水军的壮大。在此期间，他还得到了大将甘宁，这是一员不可多得的虎将。甘宁没有辜负孙权，为江东基业的稳固和发展作出了很大的贡献。

在加强水军建设，巩固基业的同时，孙权励精图治，使得江东得到了快速的发展。江东原本就是富庶之地，因此他的稳固基业的策略和做法能使东吴不断发展和壮大。

在有选择地蚕食周边势力的同时，他很好地解决了外敌进攻的威胁。曹操南征大败刘备、占领江陵以后，写信劝降孙权，当时，东吴内部分为主战和主降两派，主战派以鲁肃、周瑜为首，主降派以张昭为首。张昭在当时是很有说服力的，但孙权却有意与曹操一战。此时，鲁肃从江夏带来诸葛亮，表明刘备联吴抗曹的决心。周瑜及时返回，说明曹军的种种弊端，并且对于战争的胜利很有把握，这更坚定了孙权与曹操一战的决心。孙权果断决定，以周瑜、程普为左右都督，与曹操决战。周瑜用黄盖的计谋，以三万人在赤壁大破曹操，很好地保存了祖上基业。

孙权年少主事，统领东吴，表现出了非凡的能力和魄力。通过不断蚕食周边的势力，在解除威胁的同时，慢慢地壮大了自己，势力不断增强。同时，面对强敌来犯，他表现出了果敢和魄力，与刘备联合，在赤壁大败曹操，使得东吴基业更加稳固。

稳固基业，确立优势。孙权虽然年轻，但是对于局势把握得很好，知道自己最应该做的是什么。他听取谋士建议，在努力发展自己的同时，通过攻打黄祖，扩大了东吴的地盘，解除了后顾之忧。面对曹操咄咄逼人的气势，他表现出了魄力和胆识，与刘备联合，大败曹操，保全了祖业，使得东吴更加稳固。

策略得当，促其发展。在稳固基业的同时，他并没有不思进取，而是步步为营，慢慢地发展壮大自己，使得基业不断发展。东吴的发展是有计划的，这就减少了盲目性，对于一个领导者来说，这是很难得的。

市场竞争激烈，要想有所发展，首先就要站住脚跟，使自己能够生存下来，然后再慢慢地图发展。一个聪明的老板，一定要有理性的判断，知道自己最需要做的事情是什么，那就是先生存下来，再步步为营，发展壮大。

南方某老板，白手起家，辛苦半生，打拼了一份家业，传给了儿子。儿子虽年轻，但很干练，知道最需要做的事情是尽快熟悉公司，让公司能够有稳固的发展。只有站稳脚跟，才能在激烈的竞争中获得先机。

在慢慢站稳脚跟以后，他明白不可能一口吃成个胖子，于是就开始从细处着手，兼并了几家规模很小的同类公司，扩大了公司的规模，使得公司的市场竞争力得到了增强。对于区域市场的控制，他也逐步加强，慢慢地，在区域市场中，他的公司所占的市场份额越来越高。

年轻人的策略很对，首先稳固基业，然后再慢慢发展壮大。他有着冷静的判断和理性的眼光，很好地处理了公司发展的问题。他懂得稳固基业是根本，如果基业没有了，谈何发展壮大？正是因为这样，他才带领公司实现了良好的发展，和公司一起成长。

守业有道

孙权有着冷静的判断，知道自己首先要做的就是稳固基业。他做了很多工作，并且取得了不错的效果。

租借南郡给蜀汉——确立盟友时 要充分评估风险因素

曹操借着大败刘备、占领江陵的余威，给孙权写信，表达自己取江东的决心，借此给孙权以心理上的压力，希望孙权能够投降。然而，孙权联合刘备，赤壁一战大败曹操，并乘胜追击，周瑜还乘机攻取了南郡，使得南郡收入孙权的囊中。

由于荆州乃兵家必争的重镇，战略位置重要，所以东吴主帅周瑜亲任南郡太守，坐镇荆州。刘备虽然在赤壁之战中出了不少力，却只能率本部兵马立营油江口，仍然没有自己稳定的地盘。这对于刘备来说，是很尴尬的事情，没有稳定的地盘，谈何发展壮大，谈何成就霸业。于是，在诸葛亮的建议下，刘备向孙权借南郡，希望自己能够有一个稳定的落脚地，这样才有利于自己的发展。

刚开始的时候，孙权不同意借南郡给刘备，当时周瑜为都督，也坚决不同意借给刘备。刘备两次提出借南郡的要求，孙权都没有同意。后来，诸葛亮三气周瑜，使得周瑜英年早逝，而由鲁肃代替周瑜任都督，使得事情有了转机。

　　曹操准备进攻东吴的时候，鲁肃就是坚决的主战派，并且力主联合刘备，共同抗击曹操。最终，在赤壁大胜曹操，使得孙权和刘备的关系变得更加稳固。而此时，曹操虽然大败，但是他的实力在那里摆着，对于江东仍然是一个最大的威胁。所以鲁肃认为，从东吴的立场出发，借南郡给刘备，让刘备有一个暂时稳定的地盘，可以牵制曹操，对东吴是很有好处的。况且只是暂时借给他，等到刘备稳定一些了，还是可以再要回来的，这样对东吴没有什么损失。

　　基于这样的考虑，鲁肃劝解孙权，向孙权讲明了借南郡给刘备的利弊得失。他一一陈述，讲得合情合理，说明这样做对东吴而言确实没有什么大的损失，而且还可以让刘备牵制曹操，在很大程度上减少东吴的危险。孙权听后，细细考虑，觉得很有道理，只是暂时借给刘备嘛，以后还会要回来的，可以多一个稳固的盟友，使自己的危险降低了很多，借南郡是一个不错的选择。

　　在仔细评估了借南郡给刘备的利弊得失后，孙权最终同意将南郡借给刘备。这样，孙权和刘备之间的盟友关系变得更加稳固，刘备有了一个稳定的地盘，很好地牵制了曹操，减少了东吴的危险。

对双方来说，这都是一件很好的事情，使得双方的关系更加进了一步，彼此的信任也增强了，这对于联合起来抗击曹操是很有好处的，更是双方希望看到的结果。

多了一个可靠的盟友。曹操打败刘备，转而要进攻孙权。而此时，刘备和孙权都有联合抗击曹操的想法，于是，双方结成了盟友，在赤壁大败曹操，也都尝到了甜头。乘胜追击，孙权获益匪浅，攻取了荆州要地。而刘备则无安身之处，于是向孙权借南郡。在综合考虑的基础上，孙权借南郡给刘备，使得双方的信任度增强，孙权有了一个可靠的盟友。

让刘备牵制曹操，减少自己的威胁。曹操虽然在赤壁大败，但是实力仍在，仍然是孙权最大的威胁。借南郡给刘备，不但收获了一个可靠的盟友，更重要的是，刘备可以牵制曹操，这样就可以大大降低东吴的风险。正是因为如此，孙权才借南郡给了刘备。

现代市场，竞争是激烈的，寻找到好的合作伙伴，不但可以共担风险，增强市场竞争力，更可以共享技术，促进彼此的发展，实现双赢。不过，合作伙伴的选择要慎重，要谨慎地评估合作的风险，只有这样才不至于让自己陷入被动的境地。

国内某公司是陶瓷生产企业中发展得比较好的公司，老板为了促进企业更好地发展，决定选择一家企业进行战略合作，实现资源的共享和技术的整合。这个提议，得到了公司其他管理人员的赞同。于是，公司加紧选择合作伙伴，希望尽快将这件事情落实。

经过初步选择，公司决定与南方一家企业合作。

当时，公司有管理人员提出，这件事情不能太着急，应该花一些时间，真正地了解这个企业，在不太了解的前提下盲目合作，公司承担的风险太大。

然而老板当时合作心切，没有听取别人的不同意见。在没有详细评估风险的情况下，就进行了合作。双方初期的合作是愉快的，这打消了老板的顾虑，于是，双方进行了更加深入的合作，在很多方面都进行了技术共享。

正当老板憧憬着更大的合作和发展时，突然传来消息，这家公司已经面临破产。这让老板很吃惊，因为他们之前了解到的情况是，这家企业发展势头良好。这让公司有点不知所措。由于没有预料到这样的情况，在此前的合作中所签订的合同里也没有类似的条款，公司遭受了巨大的经济损失。

如果上述故事中的老板能够很好地评估风险，也许就能避免如此重大的损失。这是一个教训，值得老板们借鉴。

守业有道

面对刘备借南郡的请求，孙权很好地权衡了利弊，最终将南郡借给刘备。刘备有了一个稳固的地盘，可有效地牵制曹操的兵力，对孙权来说，也就降低了他的风险。

·第三节·

步步为营《榻上策》——企业战略规划一定要明朗

　　孙权是个爱才的人，听周瑜说有个很有才能的人，就同意见见他。鲁肃见了孙权，孙权要他说说对天下大势的看法。鲁肃也不含糊，明确提出了孙权要与曹操、刘备三分天下的想法。

　　这就是著名的《榻上策》。孙权见鲁肃的见地如此深刻，而思路又如此清晰，于是非常敬重鲁肃，与他日夜交谈。后来，孙权越谈越觉得鲁肃的想法很好，最终决定按照他的战略去发展自己，并对鲁肃委以重用。

　　原本孙权就决定以稳固基业为根本，这一点和鲁肃的看法是一致的。他征求鲁肃关于稳固基业的一些看法，并按照这个思路发展东吴，使得东吴基业能够更加稳固，也只有这样，才有资本去图谋更大的发展。基业不稳固，别的任何问题都不可能实现。

　　孙权在稳固基业的基础上，根据鲁肃的建议，五年之内，三次讨伐黄祖，最终获胜，地盘扩大，势力增强。后来，在赤壁之战后，周瑜攻取荆州，使得东吴实际控制了荆州，虽然借南郡给刘备，但是仍然拥有对荆州的所有权。至此，几乎整个长江都为东吴所控制，孙权建立了庞大的水军，其水上力量成了那个时代无可争议的最强者。这对他稳固基业有很大的帮助，对于东吴的发展壮大也很有好处。

孙权是个爱才之人，看到鲁肃如此有见地，对于天下局势看得很准，对于东吴的发展也有自己的看法，这正是孙权一直想要的答案。他想要找到一个能够使得东吴不断发展壮大以图霸业的策略和指导方针，而这正是鲁肃带来的。于是，孙权就步步为营地执行了鲁肃的《榻上策》，使得东吴不断发展壮大。

使东吴有了发展的策略和指导。鲁肃见地深刻，对于东吴的问题看得很准，这一点让孙权很满意。他提出的《榻上策》使得孙权终于找到了自己发展的指导策略，这对于孙权来说是很重要的。有了指导策略，就有了发展的目标，同时也有了实现目标的具体规划。

使东吴不断发展壮大。孙权按照鲁肃的建议，一步一步地去实现，让东吴不断发展，势力得到了很大提升。有了明确的规划，孙权的发展就走上了正轨。同时，明确的规划使人有了目标和方向，不至于看不清方向而耽误发展。

现在社会的商场竞争日趋激烈，一个好的企业，一定要确定自己的发展规划，没有规划就如同无头苍蝇，只能乱飞，肯定不会有好的发展。只有确定了自己的蓝图和规划，才能更好地筹划每一步的策略，更加科学合理地处理遇到的问题，而不仅仅是走一步看一步。**有了清晰明确的蓝图和具体规划，才能更加有动力，更好地去实现奋斗目标。**

中国北方某小城，有一个年轻人，原先只是一个服装厂的学徒工人，慢慢地熟悉了各个工序以后，就开始了自己的创业。他从小作坊开始做起，一步步地发展壮大。当然，他并不是盲目地去做，而是有自己的计划和目标，为自己确定了很明确的奋斗目标。他觉得自己首先要站稳脚跟，然后在小城的市场中占据优势，慢慢地在区域市场中发展壮大，最后走向全国，创建品牌。

他是这么计划的，也是这么去做的，按照计划一步步地实现着自己的梦想。从一个学徒工人，到一个小制衣厂的老板，再到一个大型制衣公司的老总，最后到一个国内著名服装品牌的老总，他每一步都有着自己的计划，并且每一步都走得很成功。

上述故事中的创业者，正是因为有了科学合理的战略规划，才使得公司发展有了明确清晰的方向。如果他只是走一步看一步的话，也许永远只是一个小作坊，甚至早就被市场淘汰了。由此可见，战略规划对于企业发展的重要性。

守业有道

孙权一直在寻求自己发展的战略规划，而鲁肃的《榻上策》准确地分析了天下形势，指明了孙权所处的境地，并且为孙权设计了战略决策，还详细描述了具体实现最后目标的每一步。正是因为有了规划和策略的指引，孙权才有了更好的发展，壮大了东吴的实力。

策应诸葛亮北伐——没有永远的敌人只有永远的利益

刘备死后，刘禅继位，诸葛亮为丞相。后来，诸葛亮进行了多次北伐，最后却都以失败告终。最后一次北伐的时候，他旧病复发，在五丈原病倒，结束了他的一生。这最后一次北伐，并不是蜀国一国的事情，孙权也在这次北伐中策应了诸葛亮。

234年，诸葛亮进行第五次北伐，蜀军倾巢而出，力图一战定江山。然而诸葛亮深知，凭借自己的力量，难以有太大的把握。为了更好地打击曹魏，诸葛亮派使者请东吴一起出兵。孙权看到这是一个好机会，以前他数次攻打合肥，都以失败而告终，如果能抓住这个机会拿下合肥的话，就再好不过了，于是答应了诸葛亮的请求，决定配合诸葛亮北伐，进攻魏国。

同年五月，孙权率军进驻巢湖口，十万吴军围攻合肥新城。同时，孙权又派陆逊、诸葛瑾率一万人攻打襄阳，孙韶、张承攻打广陵、淮阴，形成三路兵马北伐。魏军主帅满宠一面派人向洛阳求援，一面积极备战，集合部队企图和吴军决战。

刘邵建议命满宠死守，不能进攻，这样可以挫败吴军锐气，然后伺机寻找战机，一战而击退吴军。曹睿听从了刘邵的建议，先派君度前去救援，他自己则率军亲征。满宠招募了十多个壮士，命他们折断松枝为火炬，灌上麻油，顺风放火，烧毁了吴军的攻城器具，又放箭射杀了孙权的侄子孙泰。吴军士气低落，加上又听到曹睿大军将至，孙权只能选择撤退。东吴另外两路，孙韶军同时回师，只有陆逊军继续战斗，取得了一定战绩。但是不久后，陆逊军中流行瘟疫，陆逊也只得撤退，终又以孙权的失败而结束。

东吴战事的失败，直接导致了蜀汉的失败，诸葛亮听说孙权战败，魏军全部向自己压来，顿时自感回天乏术，不久后就因劳累过度，病死于五丈原。

虽然蜀国和吴国这次联合以失败告终，但是我们可以从中看出孙权的精明和智慧。原本刘备伐吴使得蜀国和吴国的关系破裂，然而后来的局势使得孙权不得不转变思想。在诸葛亮请求共同攻打魏国的时候，他看到了机会，觉得这对自己有利，如果攻下合肥，他就可以更加顺利地扩充疆土。正是看到了对自己有利的地方，他才答应了诸葛亮的邀请，策应诸葛亮北伐。

孙权策应诸葛亮北伐，向我们展示了一个道理，那就是没有永远的敌人，只有永远的利益。蜀国和吴国曾经是联合者，关系很好，后来由于孙权联合曹操取荆州，杀关羽，导致关系破裂，吴蜀成为敌对者。而在诸葛亮北伐之际，孙权接到诸葛亮邀请后，他看到了策应北伐对自己有利，于是蜀国和吴国又成了合作者。

改善了与蜀国的关系。 诸葛亮在北伐之际，发出邀请，希望孙权能够策应北伐。而孙权在考虑以后，答应了诸葛亮的请求，兵分三路，攻打魏国，使得原本双方敌对的关系得到了缓和和修复。这对于吴国和蜀国来说，都是有好处的。

找到一个攻取合肥、扩大疆土的好机会。 诸葛亮北伐，可以牵制魏国的大部分兵力，而此时孙权敏锐地感觉到，这是一个攻取合肥、扩大疆土的好机会。合肥战略位置重要，孙权几次进攻都以失败告终，如果能够夺取合肥，就有了战略上的主动。

商场就是战场，竞争激烈是在所难免的。然而，商场上没有永远的敌人。**一个聪明的老板，懂得在合适的时机审时度势，作出正确的选择。** 原先的敌人也可能成为合作伙伴，而这一切都取决于自身的发展需求，只要对自身的发展是有利的，就可以去合作。

中国南方有大量的山寨电子产品生产厂家，前几年他们之间的竞争很激烈。当然，虽然竞争激烈，但是大家都有订单拿，都得到了很好的发展。随着大环境的改变，以及正规电子生产厂家成本和价格的降低，他们的生存环境变得很严峻，很多山寨电子产品生产厂家面临着破产的危险，越来越多的山寨电子产品生产厂家进行裁员，以求渡过难关。

此时，很多的山寨电子产品生产厂家意识到，他们必须进行一些合作，这样更有利于彼此的生存和发展。于是，几年前还争得你死我活的竞争对手，开始通过各种形式进行合作，从而实现资源共享和技术革新，开始了他们的漫漫转型路。不多久，合作取得了初步的成果，他们依靠合作增强了力量，降低了各自的风险。

如果这些山寨电子产品生产厂家还是像以前那样各自为战，也许他们就很难生存下去。因此，他们很聪明地作出了正确的选择，进行了合作，一起减少各自的风险，争取更大限度的发展。

守业有道

吴国与蜀国既有合作的时候，也有对立的时候，尤其是在孙权夺荆州、杀关羽以后。然而，诸葛亮审时度势，在北伐的时候邀请孙权策应，因为他知道这对双方都是有好处的。诸葛亮深知利益为大，才遣使讲和，而孙权也看中了这一点，因此促成了他们的又一次合作。

派卫温远征夷洲——决策者要有
开阔的视野和战略眼光

　　230年春天，魏国征东将军满宠筑合肥新城，加强对合肥的防御，以提防孙权的再次进攻。对孙权来说，这并不是一个好消息。以前，他曾经多次进攻包围合肥，但是都无功而返，以失败而告终。他拿下合肥，扫除北伐最大障碍的愿望一直没有实现。如今魏国又在合肥筑造新城，加强了淮南的守备，要想在淮南与魏争夺就更困难了，这让孙权很头疼，在这个方向扩大疆土的愿望看来很难实现了。同时，魏国在西边襄樊一直屯聚重兵防守，要突破魏国建立的整条防线很难。如果不能突破这条防线，吴国的北面疆域就无从扩大。鉴于吴国的水军优势，孙权打算再建造一些大船，进一步向南边海外发展。

　　其实孙权对海外究竟有怎样的土地和百姓，并不是十分清楚。他能了解到的，就是东南海中有夷洲和亶洲，夷洲在临海两千里，亶洲更远。而孙权的这些知识都来自徐福东渡的古老传言。但是他决定冒险一试，如果成功了，吴国的疆土就大大扩展了。

陆逊劝说孙权，这样的远行风险太大，当地的风土民情一点都不了解，士兵肯定会因为水土不服而生病，那样对国家是没有好处的。当务之急，还是要在国内休养生息，以图将来统一全国。但是孙权还是坚持要向海外发展，最终没有听从陆逊的建议，他宁愿冒险也要一试。这体现出了他的胆识和战略眼光。

随后，孙权派遣将军卫温、诸葛直率领一万水兵，开着两百多艘大船出发，渡海向夷洲、亶洲驶去。他们在海上经历了怎样的艰险，我们不得而知，但是他们的勇气和胆略值得我们敬佩。

经过八天的艰难航行，他们到达了目的地，不费吹灰之力就征服了岛上的部落。因为，相对于吴军的精良武器，当地人进行反击的时候用的不过是石器和一些很落后的武器。不过，士兵很快就出现了水土不服，由于缺乏医药，疾病丛生，再加上思乡心切，最后，一万士兵只剩下很少一部分。卫温、诸葛直不得不下决心，俘虏当地一两千人，返回大陆。

虽然这次探索以失败而告终，但是使得台湾与大陆的联系日益密切，成为大陆不可分割的一部分，从这一点来说卫温应该被世人记住。而孙权的这次尝试，也应该值得鼓励和赞赏。他的开阔视野和战略眼光，使得在那个年代，在航海技术还不发达的时候，完成了一次航海壮举。不得不说这是一个很大的收获。

实现了航海壮举。在那个年代，航海技术落后，而卫温率领的士兵，克服了重重困难，到达了台湾。这次航行比麦哲伦和哥伦布早了一千三百多年，从这一点上来说，卫温的探索精神和孙权的战略眼光都值得赞赏。

密切了台湾与大陆的关系。就是从这次航海开始，台湾开始了与大陆的联系，成为了我国领土不可分割的一部分。从这一点上来说，卫温此次航海的功绩是伟大的。他们能够战胜诸多困难，在无法预料的大海中寻找希望，到一个未知的地方冒险，这种精神值得鼓励和赞扬。

开始了一个新的探索。在卫温远征夷洲以前，大家都是在陆地上相互争夺。孙权看到自己在陆地上扩大疆土已经很困难的时候，将目光转移到了海上，那是一个大家都没有染指的地方，有着巨大的空间和机会。虽然有风险，但机遇巨大，值得一试。这样的胆略和眼光，值得后来人学习。

一个成功的老板，必然是一个成功的决策者。一个没有开阔视野和战略眼光的人，是不可能取得大成就的。一个企业的领航者，必然要有敏锐的洞察力和果断的执行力，能够在发现机遇的时候果断地抓住，只有这样才能带领企业不断发展壮大。一个企业即便很小，只要老板有着开阔视野和战略眼光，企业就有机会发展壮大，做大做强。

马云是一个不走寻常的人。刚开始的时候，他看到了电子商务的发展前景，于是创办了阿里巴巴，并获得了巨大的成功。然而，他并没有满足于眼前的成

· 229 ·

功，在助推企业电子商务发展的同时，他敏锐地觉察到了个人电子商务的发展前景，于是果断地决定涉足这一行业。

在保密的情况下，他挑选了一部分员工，在很短的时间内，创建了淘宝网。正是这一看似随意的举动，改变了中国个人电子商务的发展历程，也改变了中国数以万计年轻人的购物习惯。他获得了更大的成功，淘宝网的年成交额数千亿，而这正是得益于他的开阔视野和战略眼光。如果满足现状，没有良好的视野和眼光，他是不可能实现这一切的。

守业有道

孙权鉴于当下的局势，知道自己在陆路开拓疆土的难度太大，于是将目光转向了海外，派卫温远征夷洲，开始了一种新的尝试。这需要极大的勇气，体现出了他的开阔视野和战略眼光。虽然没有取得预期的结果，但是尝试是值得的，其眼光和胆略值得敬佩。

背盟友孙曹密约——善于维持
竞争对手之间的平衡

赤壁之战后，孙权和刘备的合作关系一直保持着，虽然出现了一些摩擦，但是总体来说还是很好的。赤壁之战后，孙权借南郡给刘备，使得刘备有了容身之地，也通过刘备得以牵制曹操，降低了自己的风险，这时候吴国和蜀国的盟友关系是最稳固的。

后来，刘备发展得不错了，孙权向刘备讨要南郡，而刘备以各种借口拒不归还，这让孙权大怒，双方的关系出现了裂痕。但是这时候还没有什么大问题，双方的盟友关系仍然持续着。

219年7月，关羽受到刘备取汉中胜利的鼓舞，率军北上，意欲夺取襄樊。曹操看到关羽来攻襄樊，于是任命于禁为将军，督率七支军队去救曹仁，同时命令徐晃率军进驻宛城。8月，山洪暴发，于禁率领的军队被淹，关羽乘机攻击，庞德不降被杀，于禁投降。此时的曹仁坚守樊城不出，等待救援。

曹操听取司马懿、蒋济等人的意见，与孙权结盟，希望孙权趁关羽攻打襄樊的时候，拿下荆州。当曹操向孙权表达了自己的想法后，孙权也觉得这是个很好的机会，趁机拿下荆州，前几次讨要荆州未果的怨气就消了。同时，孙权考虑到要维持竞争对手间的平衡，这样才能使自己有更大的发展空间，于是与曹操密约，出兵取荆州。

　　关羽当时远征樊城，荆州空虚。那时候，东吴守将是吕蒙。关羽为防吕蒙，留下重兵防范，吕蒙难攻。这时，陆逊献计说："关羽自恃英勇无敌，所怕的就是你。如果将军辞职，关羽一定中计！"吕蒙依计行事，关羽果然中计，把荆州重兵调走攻打樊城。

　　吕蒙在得知关羽将荆州守军抽走以后，趁荆州空虚，立即攻下了荆州。关羽得知荆州已失后，急忙退军，然而为时已晚，腹背受敌。后来，关羽败走麦城，被东吴军设计俘虏并杀害。

　　原本在关羽率军攻打襄樊的时候，就有谋士建议孙权，趁荆州兵力空虚之际，一举拿下荆州。而孙权也在犹豫，恰好此时，曹操表达出了联合的意愿。曹操抛出的橄榄枝使孙权觉得这是一个修复和曹操之间关系的好机会。基于以上的考虑，孙权最终出兵，夺取了荆州。这样做既拿下了荆州，也缓和了和曹操的关系。

　　从这一点来说，孙权很好地处理了与曹操之间的关系，虽然与刘备的关系破裂，并导致后来刘备伐吴，但是这对于维持竞争对手间的平衡是很重要的。

重新得到了荆州。 孙权几次向刘备讨要荆州，都因为刘备的拒不归还而失败。这次趁关羽攻打襄樊的时机，孙权与曹操密约，一举攻下了荆州，将荆州收回。

改善了与曹操的关系。 自赤壁之战后，孙权与曹操就处于敌对状态，而此次与曹操密约，改善了与曹操之间的关系，双方之间的关系有所缓和。这对于孙权来说，是有好处的。

维持了竞争对手之间的平衡。 竞争对手之间，没有永远的敌人，也没有永远的盟友，而是要根据自己的利益，采取灵活的策略，维持竞争对手之间的平衡。孙权这一点做得很好，很好地处理了与竞争对手之间的关系，并且使自己的利益得到了保证。

商场上没有永远的敌人。聪明的老板，会很好地处理与竞争对手之间的关系，维持竞争对手之间的平衡。只有做到这一点，才能使自己有更大的灵活度，才能更好地根据局势的发展，采取适合自己的措施，使自己的利益得到最大限度的保证。

某大公司负责原料采购的主管，在原料采购职位上已经做了很多年，深得老板的赏识。他能够一直坐得这么稳，到底有什么诀窍呢？有一次，有个朋友就问他："为什么你能够一直在这么重要的岗位上待着，深得老板的信任呢？"

他微笑了一下，随后说："公司的原料采购很重要，能不能采购到合格的原料，能不能以最低的价格采购到原料，都是很重要的事情。而我的策略就是，不只和一家原料生产厂家合作，要至少找到两家比较稳定的原料生产厂家，建立长期的合作关系。这样可以避免因为长期和一家合作而导致原料的质量和价格对公司不利。至少和两家合作，就可以保证他们之间有着良好的竞争，维持着他们之间的一个平衡，可以更好地为公司节约成本。"

听到这里，朋友知道了他的高明之处。他的做法可以保证公司不被一个原料供应商所左右，可以使公司在原料采购上处于优势地位，有选择权，同时可以维持他们作为竞争对手的一个平衡。

守业有道

孙权背弃与刘备的盟友关系，在曹操的建议下，与曹操密约，趁关羽攻打襄樊之际，派兵夺去了荆州。同时，他很好地修复了与曹操的关系，维持了竞争对手之间的平衡，这是他的聪明之处。

三大战役胜其二——以静制动
不被竞争对手兼并

赤壁之战中，孙权联合刘备，群策群力，以火攻打败曹操。后来，因为荆州的归属，孙权和刘备产生纠纷，关羽大意失荆州而被杀，由此导致刘备伐吴。在夷陵之战中，孙权大胆启用陆逊，火烧新野，打败刘备大军。

三国时期，有著名的三大战役，即官渡之战、赤壁之战和夷陵之战。这三大历史性的战役，有两战都与孙权有关系。孙权这两战都取得了胜利，由此可以看出孙权的智慧和谋略。这两次战役，他都不是主动出击，而是以静制动，寻找对手的破绽，捕捉转瞬即逝的良机，给对手以致命一击，最终获得胜利。

保全了自己。赤壁之战和夷陵之战，孙权都很好地把握住了战机，取得了胜利，保全自己不被兼并。只有首先保全自己，才能够图谋更大的发展。从这一点上来说，孙权是很聪明的，他知道如何更好地保全自己。

赢得了发展机会。赤壁之战后，孙权乘胜追击，扩大了疆土，实力得到了提升。夷陵之战，他击败了负气报仇的刘备。从这一点上来说，这两次战役，都给予了孙权一个很宽松的发展环境。

一个聪明的老板，在自己处于弱势地位的时候，应懂得以静制动，根据强手的出招，决定自己的应对策略，从而使自己处于有利地位，保全自己，不至于被别人兼并。

　　一个年轻人，经营着一家小工厂，发展得不错。后来，被一个大工厂看中，想要兼并他。但是，年轻人不同意，这是自己辛苦创建的，怎么能轻易给别人呢？看到这里，大工厂开始以价格打压他，想通过价格战让他无法生存，继而屈服。

　　然而，年轻人并没有惊慌。他看到对方采取价格战，于是他就减少产量，使自己的亏损降到最低，同时努力开拓偏远市场，争取拿到更多的订单。通过努力，他顶住了价格战的压力，并且在开拓新市场上取得了不错的成绩。他没有被打垮，反而在这种压力下激发出了动力，使得公司有了更好的发展。

如果年轻人看到竞争对手的价格战以后，就惊慌失措了，也许他就失败了。然而，他沉着冷静，以静制动，很好地化解了价格战的危机，并且使自身有了发展。

　　孙权沉着冷静，善于以静制动，这使得他在赤壁之战和夷陵之战中都获得了胜利，得以保全了自己，同时也为自己争取到了宽松的发展环境。

第七章　大象战略不争而善胜

孙权走过的那些弯路

派吕蒙袭取荆州——时机不成熟
勿与合作伙伴闹僵

　　吕蒙在孙权面前说出了自己对于取荆州的看法，孙权同意了。于是，吕蒙辞别孙权，回至陆口。不多时，探马来报告说："沿江上下，或二十里，或三十里，都设有烽火台，戒备森严。"吕蒙又听说荆州军马整齐，肯定是有所防备的。此时，吕蒙大惊，说："如果真是这样，荆州一时也难以攻下，我在主公面前劝他攻取荆州，现在怎么办才好呢？"他考虑了很长时间，也没有什么好的计策，于是就假称自己病了，派人向孙权报告。

　　孙权听说吕蒙得病，也很担心。陆逊这时候对孙权说："吕蒙的病是假的，并非是真病。"

　　孙权说："既然你知道他是假称患病，那你就去探望他吧。"陆逊连夜赶到陆口的营寨中，见到了吕蒙，看到吕蒙果然面无病色。陆逊告诉吕蒙，是主公让他来看望的，并且问他为什么不乘机去荆州，而在这里装病。吕蒙看了看陆逊，很久不说话，只是叹气。

陆逊说他有偏方，可以治吕蒙的病，不知道吕蒙愿不愿意试一下。吕蒙正在头疼没有计策，就很急切地让他说出来。陆逊说："你所担心的其实就是荆州的兵马整齐，并且沿途有烽火台报警，很难攻取。而关羽之所以这么做，都是忌惮你。如果你能够以疾病为借口，辞去陆口的职务，并且让他人散播赞美关羽的话语，关羽肯定会将荆州的大部分兵力都撤走，去攻打樊城。而这个时候，将军就可以用小队人马，奇袭荆州，一举拿下。"

吕蒙听后大喜，觉得这确实是一个好计策，于是称病辞去职务，陆口将领换成了别人。关羽一直忌惮的是吕蒙，看到他病了，就放心地抽调了大部分人去攻打樊城。而这正中了吕蒙等人的计策，最后荆州被吕蒙所得，而关羽自己也败走麦城被杀。至此，孙刘之间的合作关系彻底破裂。

荆州问题一直是孙权、刘备之间的一块心病。赤壁大战之后，刘备借荆州，后来孙权多次讨要，刘备借故不还，孙权很生气，一直想找机会重新夺回荆州。关羽攻打樊城，荆州空虚，孙权看到了机会，于是派吕蒙袭取荆州，不但夺回了荆州，还迫使关羽败走麦城，最终被杀。这直接导致了刘备伐吴，虽然孙权获胜，却也损失不小。

合作伙伴关系破裂。孙刘合作，赤壁大胜曹操，开始了长期的合作关系。虽然后来有些小摩擦，但是双方的合作关系还是存在的，这对于双方都是有好处的。然而，孙权派吕蒙袭取荆州以后，双方关系彻底破裂，并且引起了双方的战争。

改变了局势，东吴面临着风险。原本孙刘合作共同抵抗曹操，而孙权派吕蒙袭取荆州以后，孙刘关系破裂，并且引起了一场大战。曹丕坐山观虎斗，坐收渔利。从此，蜀国、吴国再也没有抵抗魏国的绝对实力。

商场上的竞争就像战争，当自己实力弱小的时候，最好的办法就是找一个值得信任的合作者，这样可以共同承担风险，有助于自己的发展壮大。然而，很多人发展得差不多的时候，就不会像刚开始那样重视与合作伙伴之间的关系，这时候就容易因为一些小问题而产生矛盾，最后闹僵了，对双方来说都不是什么好事情。

国内某图书公司，因为业务规模比较大，开始与某家物流公司达成了战略合作协议，以加强双方的合作，双方在业务上相互促进，共同发展。刚开始的时候，他们之间的合作关系很好，双方也都高度重视，两个公司都借助于合作得到了发展。

随着规模的不断扩大，图书公司渐渐有了与更好的物流公司合作的想法，于是就对现有的合作伙伴没那么重视了。随后，双方在合作中出现了一些问题，虽然最终经过沟通得到了解决，但是这件事情在双方的心里都产生了影响，也促使图书公司急于寻找新的合作伙伴。

后来，他们的合作中出现了越来越多的问题，关系越来越僵。此时图书公司与新的合作伙伴的谈判还没有完成，因此他们公司的图书流通遇到了问题。在谈判中的物流公司了解到这些情况以后，觉得图书公司的做法不诚信，于是果断地终止了谈判。与新的物流公司的合作没有谈好，而与原先的物流公司的关系又闹僵了，最终导致图书公司很被动。

这个故事启示我们一定要重视与合作伙伴之间的关系。尤其是商场上，有的时候，合作者之间也有竞争，但是一定要记住，时机不成熟的时候，千万不能与合作伙伴闹僵，否则将使自己处于很尴尬和很不利的境地。

守业有道

孙权派吕蒙袭取荆州，就犯了在不合适的时机与刘备闹僵的错误。孙权得到了荆州，而且杀了关羽，这更是让刘备无法接受的。于是，有了刘备随后的伐吴，虽然孙权最终获得了战争的胜利，但是国力受损，与蜀国间的合作关系破裂，导致魏国坐山观虎斗，坐收渔翁之利。

合肥大战险送命——决策者切不可犯冒险主义错误

建安二十年（公元215年），曹操进攻张鲁。孙权觉得有机可乘，于是决定进攻合肥。当时，孙权与刘备和平共处，他不用担心刘备会来进攻自己，可以一心一意地进攻合肥。而当时曹操忙着进攻张鲁，合肥、皖城又是两座孤城，孙权岂能放过这样的机会。

曹操岂是一般人，况且上一年曾经征讨过孙权，他对孙权早有防备。退军后，留张辽、李典、乐进率七千人守合肥，以防孙权进攻。曹操讨伐张鲁的时候，并没有忘记合肥的安全，派人送给三个人一条密封的命令，只有孙权来进攻合肥的时候，才可以拆开命令看。

正当曹操那边激战正酣的时候，孙权带十万兵马进攻合肥了。守城兵士只有七千，面对十万来犯之敌，换作谁都要惊慌。于是，三人拆开曹操的命令，命令非常清楚，也非常简单——"如若孙权来攻，张辽、李典二将军出城迎敌，乐进将军守城，护军薛悌不得参与战事"。曹操深知乐进、李典两人关系很好，而他们与张辽有点个人恩怨。大敌当前，这样的安排是防止他们内讧。这足可见曹操的精明和预见，一个命令就令大将暂时抛开个人恩怨，团结一心对敌。

张辽、李典准备在东吴十万大军包围合肥之前，先趁他们立足未稳之际，给他们一个沉重打击，同时安抚守城兵士，鼓舞士气。当夜，张辽召集了八百人。第二天清晨，趁东吴大军不备之际，张辽带头冲入敌阵。杀了孙权一个措手不及。这一战，众将领赞声一片，士气大振，守城士兵更加有信心了。孙权围攻合肥十几天，仍没有什么好的办法攻城，于是就有了退兵的想法。

恰好此时，军中又流行瘟疫，退兵势在必行。大军陆续退回，孙权亲自断后。当孙权退到逍遥津北的时候，被张辽摸清了真实情况：东吴大军早已退远，孙权断后，所带人马并不多。张辽立即率军直追，在逍遥津北展开大战。甘宁、凌统左右拼杀，誓死保卫孙权。

尤其是凌统，带领三百亲信冲入重围，救出孙权，一直跑到津北桥，让孙权快快过桥，而自己则站立桥头，阻止追兵，独自一人杀死几十人，异常勇猛。此时，桥已被拆散，凌统只得从河中潜泳而过。

经此一战，孙权损失惨重，而自己也险些丧命，幸亏得到甘宁、凌统的誓死保护，狼狈逃回，教训不可谓不大。孙权作为决策者，他原本应该坐镇江东，派大将攻打合肥便可，但他却执意要亲自领兵，犯了冒险主义错误，最后惨败也是对他的一个教训。

犯了冒险主义错误。孙权坐镇江东，运筹帷幄，命令部下攻打合肥是上策。他却亲自带兵，结果合肥久攻不下，又赶上军中流行瘟疫，不得不撤兵。而在撤兵之时，他又犯了一个错误，亲自断后，以身犯险，差点丧命。

骄傲轻敌，犯了冒进错误。当得知曹操进攻张鲁，合肥空虚，只有七千士兵守城时，孙权亲率十万大军攻打，觉得不日便可攻下合肥。他没有预料到张辽、李典有如此强悍的战斗力，而自己又多次犯错，最终惨败。

公司就好比一艘航行的船，决策者就好比掌舵者，决策者的决策在很大程度上影响着一个公司的发展。只有掌舵者稳稳当当，船才能很好地在大海中航行。决策者如果太冒进，犯冒险主义错误，对于船的航行来说，那就是很不利的，弄不好就会有颠簸，甚至有触礁的危险。因此商场上的决策者要稳如泰山，切不可犯冒险主义错误。

一个老板经营一家建材公司，公司发展得很好。他有一个爱好，那就是喜欢读书，由于他小时候读书不多，所以对于图书就有着特别的感情。在公司发展得很好的时候，突然有一天，他决定公司要新增一个图书发行部门，这是和公司原来的业务风马牛不相及的新业务。公司内部很多人都觉得这个不可行，现在公司发展得这么好，专心做好公司本来业务，有更好的发展就行了，况且国内图书市场竞争激烈，而公司又没有这样的人才，肯定会面临很大的困难。如果占用流动资金太多的话，也许还会影响到公司的发展，到时就得不偿失了。

然而老板觉得这个可以做，并且很有信心。看到老板这么坚决，别人知道再提意见也是无济于事了，于是就开始了这方面的业务。但是一段时间下来，投资不少，却没有什么成效，图书市场竞争激烈，公司亏了不少钱。

老板是一个知道适可而止的人，他看到图书业务的竞争超过了他的预期，而自己做这方面业务明显经验不足，还占用着公司的流动资金，于是果断地停止了这项业务，重新集中精力发展原来的业务。

如果老板继续一意孤行的话，也许会影响到公司的整体发展。幸好他是一个比较理性的人，看到自己犯了冒险主义的错误以后，就果断地改正了，才没有造成更大的不利影响。

守业有道

看到曹操进攻张鲁，合肥空虚，孙权就想抓住机会进攻合肥。原本他可以派大将前去，但却非要自己领兵亲征，犯了冒险主义错误，最后惨败而归，教训深刻。

孙权亲征多失败——不要强行走出
先辈的心理阴影

孙权幼年跟随长兄孙策平定江东，可谓是少年英才。公元200年，孙策早逝，临死前对孙权说"内事不决问张昭，外事不决问周瑜"。孙权继位为江东之主，坐镇江东，东吴成为当时比较有实力的集团。后来孙权经历大小战争，不断扩大自己的势力。他自己还进行过多次亲征，然而总是败多胜少。

公元215年，曹操进攻张鲁，孙权乘机亲率十万大军进攻合肥。鉴于合肥守军只有七千，如此悬殊的兵力，孙权以为胜券在握。然而，没有想到的是，张辽、李典化解个人恩怨，不计前嫌，团结一心，给孙权以沉重打击，加之军中瘟疫，最终他不得不撤兵。而在撤兵途中，又被袭击，他差点丧命，幸亏部将甘宁、凌统誓死保护，狼狈逃回。

公元226年，曹丕病逝。孙权亲自率军攻打江夏。当时正值大雨，江夏城栅多数已坏，还来不及补修防御工事。文聘得知孙权来攻，刚开始的时候不知道怎么办。后来，他考虑到当时的情况，只有布疑阵才有可能让孙权产生怀疑，并因怀疑而不敢进攻。

于是，文聘令所有人全部躲藏起来，并且不让孙权看见，让孙权看见的只是一座空城。孙权见此情况，果然生疑，并向他的部将说："他们认为文聘是忠臣，才将江夏交给他掌管。如今我们大军来攻，而他却不急不躁，以空城示人，这其中必然有诈。"孙权因此不敢进攻而退去，此次亲征又是一无所获。

公元230年，魏国在合肥建筑新城，防备吴国。公元233年，孙权出兵，打算围攻合肥新城，因为新城距离淝水较远，发兵二十余日，孙权仍不敢下船。看到这种情况，满宠派遣六千兵士，在淝水的隐蔽处埋伏，只等孙权上岸便突然杀出，进行伏击。后来，孙权上岸，满宠伏军突然袭击，孙权军队大乱，甚至有人逃至河中溺死。孙权又派遣全琮攻六安，也不胜。

公元234年2月，诸葛亮进行第五次北伐，遣使请东吴一起出兵。孙权答应出兵，于同年五月，孙权进驻巢湖口，率军十万人，攻向合肥新城。同时，又派陆逊、诸葛瑾率万余人进驻江夏、沔口，攻向襄阳，将军孙韶、张承进驻淮，向广陵、淮阴进逼，形成三路兵马北伐。这次虽然气势很盛，然而最后还是以失败告终。

纵观孙权的亲征，多以失败而告终。其实，很多时候他都不必亲征，而他都执意要带兵，为的就是走出先祖亲征失败的心理阴影。然而经过几次失败后，他还是执意而为，就显得太不理性了，这对一个决策者和领导者来说，是很不好的事情。

缺乏理性。孙权多次执意亲征，而不顾部下劝阻，也不考虑实际情况，这对一个领导者来讲，是很不好的做法。一个领导者，必须是一个理性的人，要根据当下的局势作出最为合理的选择。如果一味地只顾自己高兴，而不考虑其他问题，是很危险的事情。

要以大局为重，以集团发展为核心。孙权多次亲征，从他个人角度来讲，可能是想获得胜利，从而走出先辈亲征连败的心理阴影。然而，他却没有考虑到当时的实际情况，没有以集团发展为核心，导致屡次亲征失败。失败以后，他没有吸取教训，而是继续亲征，这种强行走出先辈心理阴影的做法，对整个集团发展是没有好处的。

一个老板小时候家境很好，家族企业因为国际金融风暴影响而破产，他的生活也一下子完全变了样。后来，经过自己的努力，创业成功，公司发展得很好。但是他一直有一个梦想，就是从哪里跌倒，再从哪里爬起来，一直没有放弃重新经营以前家族企业老本行的想法。

公司发展得很好了以后，他就拿出积蓄，重新开了另外一家公司，希望能够重现家族企业。然而，由于市场变化，竞争太激烈，再加上他没有那么多的精力打理好两家公司，最后他失败了。不但没有重新使原来的家族企业复活，而且还影响到了自己原来公司的发展。于是他赶紧转移注意力，集中精力，专心发展自己原来的公司。

原本，他应该吸取教训，专心做好自己的公司，不尖再想别的事情。但是他不死心，后来又一次尝试，还是以失败而告终。这次他才痛定思痛，理性地考虑了这个问题，决定放弃自己的想法。有了这样的转变以后，他心无旁骛地专心经营自己的公司，取得了更好的成绩。

守业有道

孙权为了强行走出先辈的心理阴影而带兵亲征，但是结果都不如意，多以失败告终。如果他能够吸取教训，根据当时的局势作出更合理的选择，也许会有更好的结果。然而，他一直有这样的想法，虽然多次失败，却仍执意而为，这样的固执，并没有为他带来预想中的结果。

·第四节·

赔了夫人又折兵——家族模式不可轻易外延

三国时，荆州地处西川与东吴之间，是兵家必争之地。孙刘联合，在赤壁大败曹操，刘备当时遵从诸葛亮的建议，向东吴"借"荆州以栖身，发展势力。考虑到当时孙刘刚刚联合打败曹操，借荆州给刘备，对孙权也是有好处的，尽管周瑜强烈反对，最后孙权还是同意把荆州借给了刘备。后来，刘备发展壮大，东吴数次索要荆州，刘备当然不会轻易把这么重要的地方还给孙权，于是便以各种理由再三推脱，拒不归还。周瑜十分气恼，便想用计取回荆州。

突然一天，听得刘备夫人新丧，周瑜顿时心生一计，建议孙权差人向刘备提亲，说是他愿意将自己的妹妹嫁给刘备，但是他就这么一个妹妹，母亲非常疼爱，希望刘备能够来东吴完婚。只要刘备来到东吴，便将他扣押，再派人去讨荆州，就可以此换回荆州。到时他们必然同意交换荆州，而那时，刘备放与不

第八章 孙权走过的那些弯路

· 253 ·

放、杀与不杀，不全凭东吴做主吗？

孙权听后也觉得可行，于是派吕范到荆州去做媒。吕范到了荆州以后，先对刘备表示慰问，然后就讲清来意，并将此事对孙刘两家的意义都说出来了，表示因为吴太夫人特别疼爱这个最小的女儿，不愿意远嫁，所以请刘备去东吴举行婚礼。

诸葛亮早看穿了孙权的计谋，刘备对去与不去还比较犹豫，但是诸葛亮信心满怀地表示，可以去，他早就安排好了，保证平安归来。听到诸葛亮的话，刘备放心地去了。诸葛亮安排赵云跟随，并给了他三个锦囊，让他按照锦囊行事。

到了东吴，按照诸葛亮的安排，刘备一路上吹吹打打，闹得东吴人尽皆知孙权要把妹妹嫁给刘备。而后，刘备迅速去拜望乔国老，送上厚礼，请他在吴太夫人面前多说好话。乔国老随即去拜访吴太夫人，吴太夫人这才得知此事，于是责备孙权不提前告知。孙权无奈，只得将周瑜的计策告知吴太夫人，这个计策得到了吴太夫人和乔国老的批评。

吴太夫人决定第二天在甘露寺见刘备，而孙权则派人埋伏，伺机杀死刘备。没想到，吴太夫人对刘备很满意，要求择日成婚，孙权的计谋又一次落空。刘备唯恐局势对自己不利，因此利用乔国老的关系，劝说吴太夫人尽快完婚。

完婚以后，孙权无可奈何。周瑜又生一计，要孙权软禁刘备于宫中，提供锦衣美食，企图软化刘备志向，让他贪恋享乐，不思回荆州。然后，再伺机挑拨他与关羽、张飞二人的关系，疏远他与诸葛亮的情感。最后，再用计夺回荆州。不过，这个计策被赵云按照诸葛亮的锦囊妙计破坏。刘备说通孙夫人，以到江边祭祖为名，离开吴境，潜回荆州。

周瑜计划周详，但没想到诸葛亮早已料到，并用三个锦囊使刘备完好地回到荆州，挫败了孙权的图谋，使得孙权赔了夫人又折兵，落下了笑柄。

自以为妙计，却被人识破。周瑜几次献计，孙权都采纳了，并且觉得周瑜的计策很好。谁知这些计谋早就被诸葛亮识破，并且用三个锦囊就破坏了他的图谋。孙权原本以为妙计可以拿回荆州，却落空了。周瑜虽足智多谋，但诸葛亮更胜一筹。

明知吃了亏，却有苦说不出。周瑜原本是打算利用计策，将刘备骗到江东，以刘备要挟诸葛亮交还荆州。没想到被诸葛亮识破，并且巧妙地娶到了孙权的妹妹，还毫发无损地回到了荆州，使得孙权的图谋失败。而孙权明知吃亏了，却有苦说不出来。

家族模式的企业，在发展中往往面临着很多考验。家族模式在一定程度上能够促进企业发展，对于企业凝聚力也有一定好处，但是却不可轻易扩大，否则很容易出现很多问题。

南方一家企业，是兄弟两个人创立的，一个人负责对外业务，一个人负责公司管理。后来公司发展得不错了，需要扩大规模，按理来说，高薪诚聘专业人才才是发展之道。但是他们认为，还是使用自己信得过的人好一些。于是，他的一些至亲都来到了公司，并且都负责公司的核心业务，都有着不小的权力。

由于是至亲，在管理上难免会有所顾忌，很难完全按照公司的规章制度来，毕竟亲戚有时候不太好说话。这时候，公司发展面临着很多问题，而家族企业的弊端尤其突出。没有一个好的发展规划，没有专门的专业人才，导致原本一个很有发展潜力的公司，面临着巨大的生存危机。

此时兄弟两个人才意识到问题所在，于是果断地纠正了自己原先的想法，高薪诚聘了专业的人才，对公司发展也有了明确的规划，公司各项管理这才再次进入了正轨。就这样，公司才逐步摆脱了颓势，开始了良性发展。

如果兄弟两个人一意孤行，也许一个很有发展潜力的公司会倒闭。幸亏他们及时改变了自己的错误做法，终于改变了公司的命运。

守业有道

周瑜献妙计，妄图拿回荆州，却被诸葛亮识破，三只锦囊就将周瑜的妙计击破，并且使刘备毫发无损地回到荆州。孙权原本只想假借嫁妹妹的名义骗刘备来江东，谁知最后弄假成真，没有达到目的不说，还吃了大亏。

以兴建水军为主——缺乏进取心
是企业发展的最大瓶颈

　　东吴滨江临海，加之河湖较多，自古就有行船的习惯，甚至在有些地方，人们都生活在船上，这就使得东吴具备了发展水军的先天条件。

　　公元199年，孙策在庐江之战中击败黄射，缴获战船千艘，初创了东吴水军。后来孙策早亡，孙权继承了祖上基业，他更加注重水军建设。203年、207年、208年，孙权屡攻江夏，大破黄祖水军，缴获战船，收服降兵，扩大了自己的水军力量。

　　208年曹操率军南下，打算先灭刘备，然后一举降伏江东。鉴于形势，孙刘联合，共同抗击曹操。此时，刘备虽然在与曹操的战争中失败，但是关羽还有一万水军，这支部队后来会合周瑜的三万水军精锐，在赤壁之战中打败曹操。

　　之后，在孙权以兴建水军为主的治军方略下，东吴逐渐建立了一支强大的水军，在三国时期具有水上的绝对优势。其水军"泛舟举帆，朝发夕到，土风劲勇，所向无敌"。东吴水军战舰种类多样，除了汉代已有的楼船、艨艟、斗舰、赤马、先登、斥候以外，又新增走舸、舫船、"油船"等。孙权的座船"飞云"、"盖海"等舰，可载"坐直之士三千人"，战船之大，可想而知。

这支强大的水军，在赤壁等重要战役中发挥了重要作用，对于吴国的防御也发挥了很大的作用，使吴国得以在江东立国八十余载。直到孙皓受降时，东吴水军剩余战舰仍有5000多艘。其水军规模和战斗力，可想而知。

东吴水军强盛。这支水军，曾经三次远航辽东，试图与东北公孙渊合攻曹魏，但最后因为种种原因未果。

226年，孙权派朱应、康泰远航南洋诸国，了解了外面的世界，展示了吴国的水上力量，同时，向海外人民表达了友好交往的愿望。230年，"遣将军卫温、诸葛直将甲士万人，浮海求夷洲及直洲"。242年，"遣将军聂友、校尉陆凯以兵三万讨珠崖、儋耳"。

这几次大规模航海，人数众多，战船近千艘，说明当时东吴所造战舰不仅可以在江淮一带航行，更具备了大规模远洋航行的能力。史实证明，东吴水军，除去布置兵力于长江沿线以防止曹魏可能的进攻之外，尚有余力进行海外拓展。

军队建设以水军为主，建设了一支在当时力量最为雄厚的水军，这为东吴基业的保存立下了汗马功劳。但是，这也导致了他在战争年代的思想保守。东吴是富庶之地，如果有强烈进取心的话，应该大力发展步兵等，这样可以在战乱年代一统大业。而孙权只重视水军建设，丧失了进取心，不得不说是一种遗憾。

水军强大，对于守业有很大帮助。江东水域众多，一支强悍的水军，可以保证孙权在面对来敌的时候能够从容应对，不至于使家业落入他人之手。从这一点来说，他根据江东地理状况，发展水军是很有必要的。

相对于刘备和曹操，除了水军，他的军队处于劣势。这种情况对于孙权来说，就限制了他的统一大业。当别人来进攻的时候，他可以以水军应对，而要想完成统一大业，必须要进攻别人，这时东吴军队的劣势就体现出来了。他多次亲征失败就是明显的例子。

一个发展得很好的企业，必须有一个有野心的老板。一个没有进取心的老板，是不会带出一个好的企业的。因此，要想一个企业有好的发展，老板必须要有强烈的进取心。

有两个老板，都是年轻人，都有自己的家族企业，也都是刚刚接手。这两个人完全不同，一个人很善谈，喜欢沟通，他准备在五年之内使企业发展上一个大台阶。另一个则不善言谈，坦言自己接手家族企业压力太大，只要能够使得企业维持现状，别毁在他手里就行。

几年后，善谈的那一个人，已经将自己的公司规模扩大了好几倍，并且还是那样的善谈，还是那样的有激情，还在追求着自己设定的蓝图和目标。而另一个，不但公司规模没有扩大，还由于经济大形势的影响，经营都比较艰难。

进取心确实是一个很神奇的东西，对于一个企业来说，老板有无进取心以及进取心的强弱，对于一个企业的发展有着巨大的影响。**一个有着强烈进取心的老板，才能造就一个良好发展的企业。**

守业有道

孙权年纪轻轻便承袭祖业，从那时候起他就想着如何保住这份基业。于是根据江东的情况，他大力发展水军，取得了很好的效果。但是这种策略是缺乏进取心的，使他在与对手的竞争中落于下风，对他的统一大业产生了不利影响。

死板执行《榻上策》——必要时
要对战略规划进行战术调整

　　鲁肃少年时候就看出世道将乱，于是苦练剑术，刻苦读书，是一个文武全才。后来，他机缘巧合与周瑜相识，经周瑜引荐投奔孙权，并明确提出了与曹操、袁绍三分天下的《榻上策》，收到孙权器重。

　　刚开始，孙权自己的想法也是先立足江东，巩固好祖上基业，然后再图谋更大的发展。然而，那时候他没有一个明确的长远规划，不像诸葛亮那样，《隆中对》为刘备设定了详细的发展战略。

　　孙权多次出兵，与黄祖作战，最终剿除了黄祖，得到战船无数，兵甲物资众多。后来，进攻刘表的策略没有达成，但是这并不妨碍他占据长江，坐镇江东。后来孙权称帝时也说：原来鲁肃早就看到了这一天，可惜他没能亲眼看到今天的盛况。可见他对鲁肃的喜爱。

　　正是因为重视鲁肃，他完全按照鲁肃的《榻上策》行事。这有一定的好处，那就是目标明确，但是也为他带来了一些隐忧。因为他只是死板地执行，而没有根据天下大势进行必要的调整，这使得他很被动。

其实，鲁肃的《榻上策》更多的是让他占据江东，而没有指出称帝以后的争霸策略，是有局限性的。他将大部分精力都放在巩固江东上，军队也是以水军为主，这有利于江东的防御，但是却不利于去进攻别人。这也导致他很多次亲征都以失败告终。

相对于刘备和曹操，孙权的水军是占优势的，但是他的别的军队却处于劣势。这对于防御有利，却不利于进攻。而从大的方面来说，要想完成统一大业，必须进攻，这点是孙权最为欠缺的。但是，他只顾死板执行《榻上策》，没有意识到这个问题，导致了他在一开始就在争霸中处于下风。

鲁肃是个难得的人才，文武兼备，归于孙权帐下以后，为孙权出《榻上策》，并得到了孙权的赏识和重用。然而，孙权却死板地执行《榻上策》，没有根据情况进行必要的调整，这让他错失了机会，处于被动地位。

使孙权有了创业的战略规划。孙权得到鲁肃辅佐，鲁肃为其献上《榻上策》，孙权很重视，这使得孙权的创业有了可以凭借的战略规划。这对于一个集团来说，是很重要的。没有战略规划，就好像航行的船没有航标。有了战略规划，就有了奋斗的目标，有了实现目标的手段和步骤。

死板执行，不知调整，影响发展。《榻上策》为孙权指明了创业的道路，孙权也是按照《榻上策》一步步地守业。但是孙权并没有灵活变通，在遇到困难的时候，在天下形势有所变化的时候，他并没有及时地调整战术，这就使得战略规划打了折扣，影响了他的发展。

现在市场竞争激烈，风云变幻，形势时时在变，只有懂得变通的创业者，才能获得成功。不懂得变通、死板执行创业规划的人，是很难在激烈的竞争中最后胜出的。

一个老板年轻时白手起家，现在规模很大。经过与公司管理层沟通，他制定了公司发展的五年规划，这使得公司有了发展目标，也让大家更加清晰地知道自己奋斗的目标是什么。

然而，全球经济不景气对公司发展有了很大的影响。按照现在的情况，公司制定的五年规划很难完成。按理说，这个时候公司应该灵活调整策略，选择更适合公司发展的道路，确立更有利于公司发展的目标。但是，老板觉得公司有能力走出困境，所以坚持按照计划发展。于是，他一味死板地执行规划。遗憾的是，经济大形势远远超出了他的预计，导致公司的发展陷入了严重的困境。

这个老板为自己的死板付出了惨重的代价。如果他能够灵活变通，及时调整策略，会更有利于公司的发展。

孙权得到鲁肃，鲁肃献上《榻上策》，使得孙权有了发展规划。然而，孙权只是死板执行，缺少变通。如果孙权懂得变通，也许东吴会有更好的发展。

能创业、会管理、懂守业的
老板才是真正成功的老板

能创业、会管理、懂守业的
老板才是真正成功的老板

　　纵观孙权的一生，确实是守业者的传奇，必定对每个守业者都会有所启迪，从他身上找到自己需要的东西。一个弱冠少年，面对着复杂局势，接受了重任，并且通过自己的努力，得到了大家的支持，稳住了江东局势，这本身就是一个不小的奇迹。

　　古往今来，无数的人都有着自己的创业梦想，并且为此付出所有的努力。然而，有的人成功了，也有不计其数的人失败了。我们应该为失败者送去掌声，至少他们努力了，奋斗了。我们也应该为成功者欢呼，因为他们战胜了别人，更战胜了自己。从这个意义上来说，一个能创业的老板就是一个成功的老板。然而，只会创业的老板，却不是最后的胜利者。

　　当我们欢呼创业成功的时候，其实我们才刚刚上路。当创业成功以后，你就会发现，最需要解决的问题就是管理。管理不好，就会将整个团队带成一团乱麻，如果自己都分不清东西南北，还怎么带领着团队继续获得成功呢？创业的时候，我们思考的是如何创业；创业成功以后，我们需要思考的就是如何管理。

267

创业是一个过程，管理则是一门艺术。如果你是一个创业成功的幸运儿，却在为管理公司而头疼，读这本书吧，它能让你找到管理的灵感，为你指明管理的切入点，让你自如地梳理那一团乱麻，轻松地搞定原先看似无解的难题。

能创业、会管理，这样的人值得我们敬佩。然而，只会创业和管理还是不够的，还要学会守业。创业难，管理更难，守业则难于上青天。

孙权是守业的典范和榜样，我们通过梳理他波澜壮阔的一生，为你展示了一个成功者的点点滴滴。通过对他的梳理，在看似毫无规律可循的奋斗历程中，抽丝剥茧般地提炼出你最需要的东西，并且将之理论化，使每一个守业者都能够有所收获。这里，为你提供一个舞台，在这个舞台上，有着每一个守业者的困惑，也有着每一个困惑的解决办法。只要你读它，你就能懂它；只要你懂它，问题就迎刃而解。

孙权的奋斗历程，其实是可以借鉴的。面对复杂的局面，年纪轻轻的他，显示出了超乎年龄的智慧和老练，稳住了局势，得到了大家的认可和支持。后来，他通过一系列的行动，不断地发展壮大自己。他是一个守业者，也是一个创业者，而且他还是一个成功的管理者，集三者于一身，他的成功具有示范效应。

如果你还在感叹商场太复杂、竞争太激烈的话，别叹气了，踏上新的旅程吧，孙权已经为你做出了榜样；如果你还在以自己太年轻为理由，别等待了，孙权已经用行动作出了诠释；当你还在苦于守业难的时候，别苦闷了，读这本书吧，里面有你想要的宝典。

员工培训课程

- 追随者：老板全力培养的12种人
- 弟子规：熟读弟子规，职场有智慧
- 赢在落实：打造全员执行力
- 阳光心态：做一名积极、感恩、负责的员工
- 团队精神：没有完美的个人，只有完美的团队
- 三个月成为一流员工：有一流的员工才有一流的企业
- 超级工作整理术：效率是整理出来的
- 细节决定成败：把每一件平凡的事做好就是不平凡

中层学习课程

- 精细化管理
- 精细化领导能力持续改善
- 车间精细化管理
- 班组精细化管理
- 安全精细化管理
- 银行精细化管理
- 医院精细化管理
- 核心价值观：如何打造有灵魂的团队
- 顶级团队执行力：按西点的方式做事
- 带队伍：如何打造职业化高效能团队
- 情商领导力：领导力培养与管理技能提升

高层修炼课程

- 精细化管理持续改善
- 企业创新与创新管理
- 向解放军学管理
- 培育强势企业文化
- 教练式领导力
- 三国中的管理大智慧
- 经济转型 产业升级
- 第三次工业革命：新经济模式下中国怎么办？